Mein bunter Garten

Gestaltungsideen für draußen von Bine Brändle

Mein bunter Garten

Gestaltungsideen für draußen von Bine Brändle

Inhaltsverzeichnis

FÜR SONNENSCHEIN & WINTERWETTER 100

SPIELEREIEN & KINDERTRÄUME 126

VIELEN DANK, LIEBE OMA MALU,
für die Motivation, meinem Garten ein neues, buntes Leben einzuhauchen, für die vielen Tipps und nicht zuletzt für die Dahlienknollen, die im Herbst für ein buntes Farbfeuerwerk sorgen werden.

liebe Leserinnen & Leser,

das Leben ist bunt – meines zumindest! Und was momentan noch zurückhaltend oder langweilig ist, mache ich bunt. So lautet meine Divise von Kindesbeinen an. Ich habe das große Glück, dass ich meine kreativen Launen nicht auf meine wenige Freizeit beschränken muss, sondern dass ich sie in meinen Berufen und Berufungen ausleben kann. Ich „darf", muss ich fast sagen, mir ständig neue Selbermach-Projekte ausdenken, die ich dann im Fernsehen oder in Büchern und Zeitschriften vorstelle. Auch in meinen Jobs als Illustratorin und Kinderbuchautorin kann ich mich kreativ austoben.

Versuchslabor für neue Basteltechniken und ungewöhnliche Farbkombinationen ist immer mein Zuhause. Mein Mann und meine beiden Söhne sind es mittlerweile gewohnt, in kunterbunten Zimmern zu wohnen. Nichts kommt von der Stange bzw. bleibt in seinem ursprünglichen Zustand, alles ist verziert und dekoriert. Nur der Garten blieb bisher im wahrsten Sinne des Wortes im Naturzustand. Hier reichte die Zeit für kreative Ergüsse oft nicht aus – nicht einmal, um die Blumen ordentlich zu gießen, geschweige denn, ihnen einen bunten Topf und selbst gemachte Rankgerüste zu verpassen. Meine liebe Oma Malu hat immer gescherzt, ich hätte den „schwarzen Daumen" und nicht das richtige Gefühl für Blumen und üppiges Grün. Ganz anders als sie, bei meiner Oma grünt und blüht der Garten – ein Traum! Irgendwann hatte ich Oma Malu versprochen, noch vor meinem 40. Geburtstag wenigstens das mit den bunten Balkonblumen hinzubekommen. Nun, die Pflanzenexpertin bin ich heute immer noch nicht, obwohl ich mittlerweile Petunien von Geranien unterscheiden kann (ja, auch das viel früher unter die Kategorie „schwarzer Daumen"). Und was ich an Blütenfarben

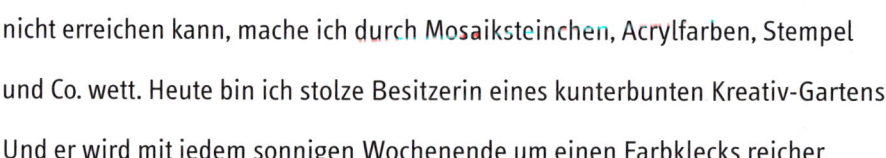

nicht erreichen kann, mache ich durch Mosaiksteinchen, Acrylfarben, Stempel und Co. wett. Heute bin ich stolze Besitzerin eines kunterbunten Kreativ-Gartens. Und er wird mit jedem sonnigen Wochenende um einen Farbklecks reicher.

Dabei war es mir wichtig, nicht alles auf einmal anzugehen. Idee für Idee und Projekt für Projekt habe ich mir vorgenommen. So konnte ich den Prozess des Gestaltens in vollen Zügen genießen. Wenn ich am Abend den Betonsack zugeschnürt, den Staub von den Hosen geklopft und die Farbeimer ins Gartenhäuschen zurückgetragen habe, konnte ich auf das schauen, was in den letzten Stunden entstanden ist. Ob ich ein paar knorrige Äste bemalt, Windlichter gefaltet oder gar einen ganzen Sitzplatz gepflastert hatte, ich wurde immer mit einem unsagbaren Glücksgefühl belohnt – und mit einem Lob meiner Oma! Selbst das Gießen ist mir mittlerweile so geläufig wie Anstreichen und Schablonieren. Meine Oma ist richtig stolz auf mich. (Und unter uns gesagt, ich habe mein Ziel vorfristig erreicht: Ich bin noch keine 40 Jahre alt!)

Machen Sie es mir nach, liebe Leserinnen und Leser, und nehmen Sie sich eines Details in Ihrem Garten oder auf dem Balkon an, krempeln Sie die Ärmel hoch und machen Sie sich Ihre Welt eine Spur bunter. Lassen Sie sich von diesem Buch inspirieren und Ihrer Kreativität freien Lauf.

Viel Spaß und zahlreiche Glücksgefühle wünscht Ihnen

Ihre

Bine Brändle

1 So sah unser Haus kurz nach dem Kauf aus. Es wartete eine Menge Arbeit auf uns.

2 Die Mühe hat sich gelohnt. Heute erstrahlen Gebäude und Garten in buntem Glanz.

3 Mein Garten ist bunt geworden. Dabei muss es gar nicht immer das große wochenendfüllende Projekt sein. Schon eine Wimpelkette aus Stoffresten bringt sommerliche Stimmung auf den Hof.

4 Ob mit Fotos verzierte Blumentöpfe, goldene Gartenzwerge oder Blätter aus Beton – Garten oder Balkon sind mindestens genauso gute Betätigungsfelder für kreative Köpfe wie die Wohnung.

5 Für meine Kinder habe ich einen großen bunten Abenteuerspielplatz gebaut. Das ist eines der größeren Projekte in diesem Buch.

Mein bunter Garten

Diese Skizze zeigt unser Haus und unseren Garten und natürlich die vielen Projekte, die ich schon verwirklicht habe.

Von Blumenkindern & Waldgeistern

WIE VIEL SPASS GARTENARBEIT MACHEN KANN, habe ich erst gemerkt, als ich mich tatsächlich mal daran gemacht habe. Und mit den ganzen Blumen und Pflanzen um mich herum kamen mir auch unglaublich viele Ideen, die sofort umgesetzt werden wollten. Langweilige Blumentöpfe – kann ja jeder! Aber ein ganzes Fahrrad bepflanzen oder eine Sonnenblume kurzerhand zur Leinwand umfunktionieren? Das macht nicht jeder Hobbygärtner, oder? Aber genau das macht mir ja so großen Spaß! Ich versuche alles um mich herum einfach ein bisschen bunter zu machen.

… unsere 100 Jahre alte
abgesägte Weide

Man sieht den Wald vor lauter Bäumen nicht? Nein, **MAN SIEHT DAS RAD VOR LAUTER BLUMEN NICHT!**

Mein **geliebtes** Blumenfahrrad

Schon seit mehreren Jahren ist ein alter Drahtesel der Blickfang in meinem Garten. Eigentlich gibt es ja zahlreiche Hingucker bei mir, denn vieles habe ich in ein neues buntes Kleid gesteckt, sodass es jetzt viel charmanter daherkommt.
Aber das Rad ist etwas Besonderes: Es begleitet mich schon lang, fast jedes Jahr bekommt es eine neue Farbe.

1 Zuerst sollten Sie das Fahrrad von eventuellem Schmutz befreien und anschleifen, damit die Farbe besser hält. Dann geht es mit den Gefäßen weiter. Bohren Sie in jedes Gefäß jeweils zwei Löcher in die Seitenwand, außerdem ein paar Löcher für den Wasserabzug am Boden. Nun bohren Sie noch kleine Löcher in den oberen Rand der Gefäße, die vor Feuchtigkeit geschützt werden müssen, also in Kisten und Körbe aus Holz oder Weidengeflecht. Schlagen Sie diese mit Folie oder dicken Müllsäcken aus und „nähen" sie mit dünnem Draht, den Sie immer durch die kleinen Löcher stechen, fest. In die Folie sollten Sie am Boden wenige Löcher bohren oder schneiden, damit überschüssiges Gießwasser ablaufen kann.

2 Nun kommen Töpfe, Kisten & Co. ans Rad: Durch die zwei seitlichen Löcher wird jeweils ein Stück des dicken Aludrahts hindurchgefädelt und am Rad verzwirbelt. Bei den Körben reicht es, den Draht durch das Geflecht hindurchzustechen. Achten Sie auf ungefähres Gleichgewicht, sonst müssten Sie Ihr Blumenfahrrad hinterher an die Hauswand schrauben, damit es, dicht bepackt mit Blumen, nicht umfällt. Die Drahtenden mit der Flachzange gut eindrehen, damit sich niemand verletzen kann.

3 Stellen Sie das Fahrrad auf eine Unterlage und los geht die Farbverwandlung mit Sprühfarbe aus der Dose: Wenn Sie Ihr Rad und die Gefäße gelb haben möchten, sollten Sie vor der eigentlichen Farbe eine Schicht Haftgrund in Weiß aufsprühen, trocknen lassen und dann erst die gelbe Farbe aufsprühen. So leuchtet das Gelb später schön. Wenn Sie blau oder eine andere Farbe bevorzugen, können Sie sofort mit der richtigen Farbe loslegen. Eventuell sind mehrere Schichten nötig, damit die Farbe richtig deckt.

4 Nun können Sie in Blumen, Blüten und wildem Grün schwelgen. Bepflanzen Sie Ihr Blumenfahrrad mit allem, was die Gärtnerei hergibt, damit es seinem Namen alle Ehre macht.

Mein Tipp

Falls Sie kein altes Fahrrad und nicht genug alte Gefäße besitzen, fragen Sie im Recyclinghof danach. Ich habe außerdem immer ein waches Auge bei Sperrmüllaktionen.

Das brauchen Sie

- altes Fahrrad
- verschiedene alte Gefäße aus Metall, Holz oder Korbgeflecht (Plastik eignet sich nicht, da der Lack abblättern würde)
- Schleifpapier
- Akkubohrer mit entsprechenden Aufsätzen für Holz und Metall
- ca. 2 mm starker Aludraht
- Flachrundzange
- Plastikfolie oder Müllsack
- dünner Draht zum Befestigen der Folie
- Sprühunterlage, zum Beispiel altes Leinentuch
- 3 Dosen Metall-Lackspray in Blau für das blaue Rad (aus der Autotuningabteilung des Baumarkts) oder 2 Dosen Metall-Lackspray in Gelb und zusätzlich 2 Dosen Haftgrund-Spray in Weiß für das gelbe Rad

Letztes Jahr strahlte das Rad in **SONNENBLUMENGELB**, dieses Jahr ist es blau.

Durch die **LÖCHER AM BODEN** kann das Wasser immer ablaufen und meine Blumen gedeihen optimal.

Sukkulenten, eine Aster in einem **TRAUM VON LILA** und ein kleiner Efeu hängen nun glücklich vereint auf meinem Balkon.

Ein hängender **Dosenkranz**

Ein extravaganter Blickfang für den Garten oder Balkon, gemacht aus Recyclingmaterialien! Je älter und rostiger der Kranz wird, desto schöner ist er. In ihm finden Steingartengewächse und Sukkulenten ein neues Zuhause. Die Farbinspiration hierfür war ein altes Kupferkesselchen meiner Oma, das Grünspan angesetzt hatte, sowie auf alt getrimmte, glasierte Tontöpfchen in Türkistönen.

1 Bereiten Sie zuerst die Aufhängung für den Kranz vor: Knipsen Sie zwei etwa 1,40 m lange Stücke des dickeren Aludrahtes ab, die Sie jeweils in der Mitte knicken. Zwirbeln Sie die beiden Drähte am Knick zusammen, sodass eine Schlaufe als Aufhängung entsteht, von der nun vier Drahtenden abstehen. Die vier Drähte werden in gleichmäßigen Abständen um den Metallring gewickelt und mithilfe einer Zange festgezwirbelt – so wie bei einem hängenden Adventskranz. Den Metallring in angenehmer Arbeitshöhe aufhängen.

2 Sprühen Sie die Dosen draußen auf der Unterlage in verschiedenen Türkistönen an. Sehr schnell und einfach funktioniert das, wenn Sie Einweghandschuhe tragen, die Spraydose still halten und die Dosen beim Sprühen in der Hand drehen. Kleine Unregelmäßigkeiten oder Fingertapser sind beim Lackieren kein Problem, da die Dosen später sowieso noch angeschliffen werden.

3 Nach dem Trocknen der Farbe die Dosen mit Schleifpapier so bearbeiten, dass das Metall an den Kanten wieder zum Vorschein und die schöne Dosenriffelung zur Geltung kommen. An den geschliffenen Stellen wird das Metall mit der Zeit verrosten und die von mir so geliebte Farbkombination Türkis und Rostorange entsteht.

4 Damit man die Dosen mit Draht am Metallkranz befestigen kann, müssen in jede Dose je zwei Löcher in die Seite gebohrt werden. Der Abstand zwischen den beiden Löchern sollte ca. 2 cm betragen, vom oberen Dosenrand zwischen 1 und 4 cm.

5 Staunässe bekommt Pflanzen schlecht. Deshalb jeweils ein Loch in den Dosenboden als Wasserablauf bohren.

6 Jetzt den dünneren Draht durch die Löcher fädeln und um den Metallring schlingen. Dabei immer zwei Dosen gegeneinander binden: eine kleinere außen am Ring, eine größere innen. Sie geben sich gegenseitig Halt. Alles gut festbinden und die Drahtenden verzwirbeln.

7 Jetzt geht es ans Bepflanzen: Steingartengewächse sind winterhart, vertragen viel Sonne und brauchen wenig Erde und Wasser. Es gibt sie in einer großen Vielfalt, sodass Sie die Döschen sehr abwechslungsreich bepflanzen können.

Das brauchen Sie

- Metallring, ø ca. 40 cm (zum Beispiel eine rostige Felge eines Leiterwagens oder Fahrrads oder ein Ring aus dem Bastelbedarf)
- ca. 30 alte Konservendosen, Trinkdosen, verschiedene Metallgefäße …
- 3 mm starker Aludraht (aus dem Bastelbedarf oder vom Floristen)
- ca. 0,8 mm starker Draht
- Zange zum Biegen und Abknipsen
- Sprühunterlage (alte Zeitungen, Malerplane …)
- Einweghandschuhe
- Lackspray in Türkis-Blau-Tönen (es gibt extra Metall-Lackspray in der Autotuningabteilung im Baumarkt oder im Künstlerbedarf)
- Schleifpapier
- Akkubohrer mit Aufsatz für Metall
- Blumenerde
- Steingartenpflanzen und Sukkulenten

Mein Tipp

Wer den Kranz lieber drinnen aufhängen will, kann gegen Staunässe anstatt eines Bodenlochs einfach einige Tonscherben unten in die Dosen legen, bevor die Blumenerde darauf kommt.

Meinen Pflanzen GEFÄLLT ES IM KRANZ ÜBRIGENS SO GUT, dass mittlerweile eine Vielzahl von ihnen sogar blüht.

Sonnenblumengesichter

Meine Freundin und Kollegin Nadine vom ARD Buffet hat mich zu dieser Idee inspiriert. Die vorwitzigen Blumengeister sind übrigens ein toller Vorwand, um Kinder in die Natur zu locken und sie auf die Jagd nach Materialien zu schicken. Versprochen, bei meinen Söhnen hat es funktioniert!

Das brauchen Sie

- Sonnenblumen
- alles Mögliche, was im Garten und im Gewächshaus wächst oder man beim Spazierengehen sammeln kann, wie Blüten, Knospen, Beeren, Früchte ...
- große und kleine Stecknadeln
- Draht
- Zange zum Abknipsen

Ob die **SONNENBLUMEN** frisch geschnitten vom Feld auf unseren Tisch kommen oder noch im Topf oder Garten wachsen, lustig lebt sich's leichter.

1 Am besten ist, Sie legen all Ihre gesammelten Schätze auf den Tisch und kombinieren wild drauflos: Tomaten oder Paprika als Nase, Ringelblumenblüten oder Knoblauch als Augen, Erbsenschoten als Mund... Besonders Kinder lieben es, die verschiedenen Gesichtsausdrücke zu kreieren.

2 Leichte Materialien werden mit Stecknadeln an der Sonnenblume festgesteckt. Schwere Stücke, wie die kleinen Paprika und Peperoni, bekommen eine Spezialkonstruktion aus Draht: Stecken Sie zwei Drähte erst gerade seitlich durch die Paprika hindurch, sodass sie jeweils mit beiden Enden gleich weit hinausstehen. Nun biegen Sie die Enden in Richtung Stielansatz. So entstehen aus den beiden Drahtstücken vier „Beine“, die stabil in der Paprika stecken. Damit können Sie sie absturzsicher in die Sonnenblume stecken.

Ich finde, die Sonnenblumengesichter haben richtig **CHARAKTER**, oder?

Blüten für die dritte Dimension

Das brauchen Sie

- Dachlatten
- Schrauben je nach Lattenstärke zum Zusammensetzen des Gerüstes
- wetterfester Acryllack in Weiß
- Flachpinsel
- stabile Schrauben zur Wandbefestigung
- passende Dübel (angestimmt auf das Material der Wand, bitte im Baumarkt beraten lassen)
- verschiedene Dosen oder andere Gefäße aus Metall, alte Körbe
- Akkubohrer mit Metallbohraufsatz
- Steingartenpflanzen und Sukkulenten
- Sprühunterlage
- Lackspray in Blautönen
- Plastikfolie oder Müllsack
- dünner Draht zum Befestigen der Folie
- ca. 2 mm starker Aludraht
- Flachrundzange

Pflanzen, die an Hauswänden emporwachsen, sind ein altbekannter Kniff der Gartenliebhaber. Aber bei frisch gepflanzten Kletterkünstlern dauert es eine Weile, ehe das Rankspalier üppig mit Blüten überzogen ist. Für diejenigen, die wie ich in solchen Dingen ungeduldig sind, habe ich mir eine tolle Alternative ausgedacht.

1 Bauen Sie ein Rankgerüst aus senkrechten und waagerecht daraufgeschraubten Dachlatten. Jeweils an den Kreuzungspunkten werden die Latten verschraubt. Die Größe der entstehenden Quadrate bestimmen Sie selbst. Dann wird das Gerüst mit wetterfestem Acryllack gestrichen und nach dem Trocknen an der Wand gedübelt.

2 Nun werden die Gefäße vorbereitet: Bohren Sie Löcher für den Wasserablauf in die Topfböden und auch jeweils zwei Löcher in die Seitenwand der Gefäße zum späteren Aufhängen. Nun die Gefäße im gewünschten Farbton besprühen und trocknen lassen.

3 Möchten Sie auch Körbe aufhängen, sollten Sie diese vor stehendem Wasser schützen. Schlagen Sie sie daher mit Folie oder dicken Müllsäcken aus und befestigen Sie sie mit etwas dünnem Draht, den Sie durch das Korbgeflecht stecken.

4 Nun können Sie die Gefäße nach Lust und Laune bepflanzen und am Gerüst aufhängen. Fädeln Sie dazu Draht durch die zwei Bohrungen am Rand des Topfes und biegen Sie sie um die Latten der Holzkonstruktion. Die Drahtenden gut verzwirbeln, damit man sich bei der Blumenpflege nicht verletzen kann.

Petunien sind **SONNENANBETER.** Sie lieben direkte Sonneneinstrahlung.

Mein Tipp

Alte massive Kochtöpfe lassen sich manchmal schwer oder gar nicht durchbohren. Hier hilft dann eine Schicht Tonscherben gegen Staunässe. Aufhängen können Sie sie am Topfhenkel.

Töpfe, Kochgeschirr, Körbe und sogar Konservendosen bieten nach einer **FARBKUR** bunten Balkonblumen ein Zuhause.

Unsere **KATZE** scheint sich zu fragen, wann **ENDLICH AUCH SIE ALS BLUMENTOPF** verewigt wird. Das wird nicht mehr lange dauern, ich muss morgen sowieso in den Copyshop ...

Frisurenwettbewerb

Schatz, Du hast die Haare heute aber schön! Warst Du beim Friseur? – Nein, in der Gärtnerei ... Manchmal darf es ruhig albern zugehen in meiner Familie. Mit der Aussicht auf Farn-Haare und Kohlkopf-Dutt posieren meine Jungs gern mal für ein Foto.

Am besten ist, Sie fotografieren Ihre Lieben **VOR EINEM WEISSEN HINTERGRUND**, dann hebt sich das Gesicht später gut von den weißen Töpfen ab.

Das brauchen Sie

- Ton-Blumentöpfe, die nicht allzu konisch zulaufen, ohne Wölbung oder abgesetzten Rand
- wetterfester Acryllack in Weiß und Transparent
- Schwarz-Weiß-Kopien von Porträtfotos, in der zum Gefäß passenden Größe
- Schere
- Transferlack
- breiter Flachpinsel
- Schwämmchen

1 Zuerst werden die Gefäße weiß lackiert. Während der Lack trocknet, können Sie die Kopien der Porträts passend zu den Töpfen zuschneiden. Tragen Sie eine Schicht Transferlack sowohl auf die Gefäße auf als auch auf die bedruckte Seite der Kopien. Drücken Sie nun die Porträts mit der bedruckten Seite auf die Töpfe und lassen alles trocknen.

2 Anschließend feuchten Sie das Papier mit einem Schwämmchen an und rubbeln es vorsichtig weg. Übrig bleibt das Motiv, welches nun im Lack eingeschlossen ist. Sicherheitshalber pinseln Sie am besten noch eine Schicht Transparentlack als Schutz darüber.

3 Da Tontöpfe porös sind und Wasser aufnehmen, trage ich auch innen transparenten Lack auf. So schlägt die Feuchtigkeit der Blumenerde nicht nach außen durch.

Mein Tipp

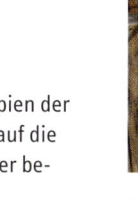

Man kann auch weiße Plastikübertöpfe verwenden. Damit der Transferlack gut haftet, sollten Sie die Töpfe vorher allerdings mit feinem Schleifpapier leicht anrauen. Das Versiegeln von innen ist bei Plastiktöpfen nicht nötig.

Ja genau, das ist eine **KLEINE ANANAS**, die Tim hier auf dem Kopf trägt.

Ich musste meine Söhne und Neffen gar nicht lang überreden für die **BLUMENTOPF-FOTOS** die Augen rollen zu lassen.

Baumfreunde

Eigentlich hätte man unsere alte Weide fällen müssen, weil sie durch und durch morsch war. Als die Baumfäller kamen, entschied ich in letzter Minute, sie sollen den Stamm in etwa 3 m Höhe absägen. Wie man sieht, freut sich der Baum darüber, er lächelt tagein, tagaus.

Wenn Sie keinen Baumstumpf im Garten haben, fragen Sie doch mal den Förster nach einem Stammstück. Das können Sie im Garten etwas eingraben, damit es nicht umkippt und dann daraus Ihren BAUMFREUND kreieren.

Das brauchen Sie

- knorriger, alter Baumstamm, am besten mit Verwachsung als „Knubbelnase“
- Axt
- 2 Astscheiben
- wetterfeste Acrylfarbe in Weiß, Blau und Schwarz
- Pinsel
- 2 lange Schrauben
- Akkuschrauber

1 Sehen Sie sich das Stück Stamm einmal ringsherum an. Welche Seite bietet sich für ein Gesicht an? Schön ist es, wenn natürliche Verwachsungen oder Aststummel sich bereits für die Nase anbieten. Wenn Sie die „Schokoladenseite“ des Stammes gefunden haben, formen Sie mit ein paar leichten Axthieben den Mund Ihres Baumfreundes.

2 Die Augen formen Sie aus zwei Astscheiben, die Sie weiß grundieren. Malen Sie zuerst jeweils einen großen blauen Kreis auf die Scheiben auf, danach einen etwas kleineren schwarzen Kreis darauf als Pupille. Die Astscheiben werden mit je einer Schraube über der Nase fixiert.

Mein Tipp

Bei einem noch lebenden Baum würde ich den Mund lieber aufmalen, anstatt mit einer Axt die Baumrinde zu verletzen.

Kommt ein **Vogel** geflogen

Zu dieser Idee wurde ich im Urlaub inspiriert. Fremde hatten am Strand aus Fundstücken Vögel gebastelt und sie für neugierige Strandgäste wie mich hinterlassen. Ich finde besonders schön, dass die Tiere aus reinen Naturmaterialien gebastelt werden – kein Kleber, kein Lack, sondern Natur pur.

WARUM NUR EINEN VOGEL BASTELN? Selbst ein ganzer **ZAPFENVOGELSCHWARM** ist in kurzer Zeit fertig.

Das brauchen Sie

- Tannenzapfen
- Federn oder große Blätter
- Holzstab oder dünner Ast, 40–100 cm lang
- evtl. Zange

1 Schütteln Sie Sand und Schmutz vom Zapfen und zupfen Sie ungefähr nach zwei Dritteln des Zapfens einige Schuppen aus – das wird der Hals des Vogels. Kurz hinter dieser Stelle schieben Sie etwas seitlich und schräg die gereinigten Vogelfedern oder Blätter als Flügel hinein.

2 Stecken Sie den Zapfen danach mittig auf einen schlanken, geraden Ast und platzieren ihn so im Garten oder im Balkonkasten, dass der Ast im Wind hin- und herschwingen kann. Dann sieht es tatsächlich ein wenig so aus, als würde ein kleiner Vogel über Ihre Blumen fliegen.

So ist mir das Kreativsein am liebsten: Aus **WENIGEN ZUTATEN** aus der Natur entsteht etwas **ZAUBERHAFTES**.

Es sieht ein wenig brutal aus, aber durch die ausgezupften Schuppen erhält der Zapfen die richtige **VOGELSILHOUETTE**.

Das **MATERIAL** für diese Kletterhilfe ist **EXTREM GÜNSTIG**, es wiegt fast nichts, ist dabei aber stabil. Hier besteht das Rankgerüst aus dreieckigen Elementen.

Rankgerüst aus **Kleiderbügeln**

Auch wenn es nicht so aussieht, dieses Rankgerüst aus Metallkleiderbügeln ist leicht zu machen! Ich habe es zwischen die Balken meiner Balkonpergola gespannt. Das Gerüst kann aus dreieckigen oder quadratischen Elementen zusammengesetzt werden.

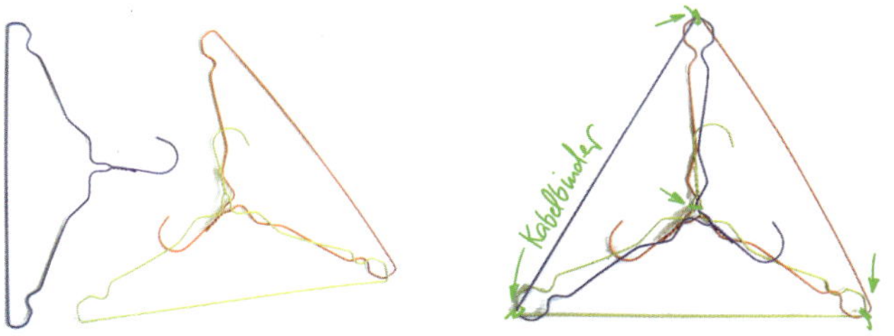

dreieckig

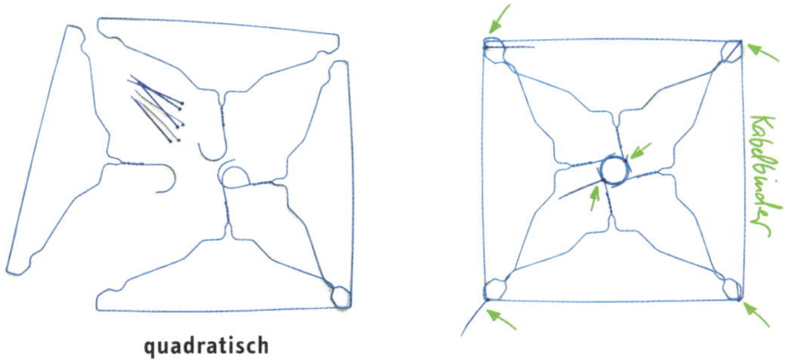

quadratisch

1 Das Rankgerüst ist aus 40 cm × 40 cm großen Quadraten, bzw. entsprechend großen Dreiecken, zusammengesetzt. Berechnen Sie zuerst die benötigten Mengen an Bügeln und Kabelbindern. Für ein Quadrat brauchen Sie vier Kleiderbügel und acht Kabelbinder, für ein Dreieck drei Bügel und vier Kabelbinder. Zum Verbinden der einzelnen Elemente müssen Sie pro Seite noch einmal je zwei Kabelbinder zusätzlich einplanen.

2 Legen Sie jeweils drei oder vier Kleiderbügel, je nachdem, welches Muster Sie machen möchten, zusammen und verbinden Sie sie an den markierten Stellen mit den Kabelbindern. Zum Schluss die Enden der Kabelbinder mit der Zange abknipsen. Wenn Sie mehrere Elemente fertig haben, werden diese ebenfalls mit Kabelbindern verbunden.

3 Haben Sie ein ausreichend großes Ornament hergestellt, befestigen Sie es mit den Ringschrauben an den Pfosten – und schon ist das Rankgerüst fertig.

Das brauchen Sie

- Drahtkleiderbügel in Blau
- kleine blaue Kabelbinder
- mindestens 2 Pfosten oder Wand und 1 Pfosten, um das Gerüst dazwischenzuspannen
- einige Ringschrauben zum Befestigen des Gerüsts
- Zange

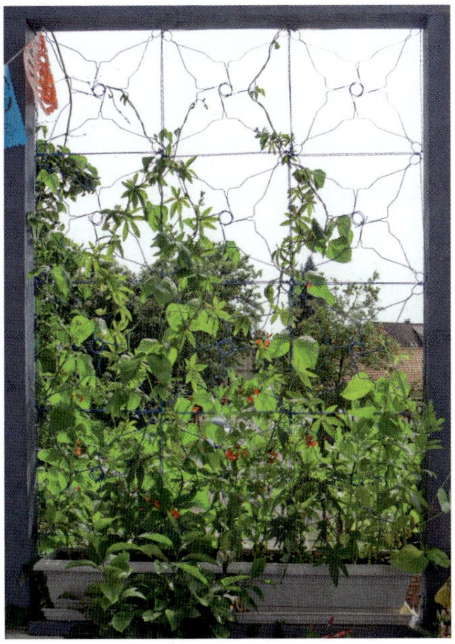

Die Bügel werden so verwendet, wie sie sind, es wird **NICHTS AUFGESCHNITTEN ODER GEBOGEN**.

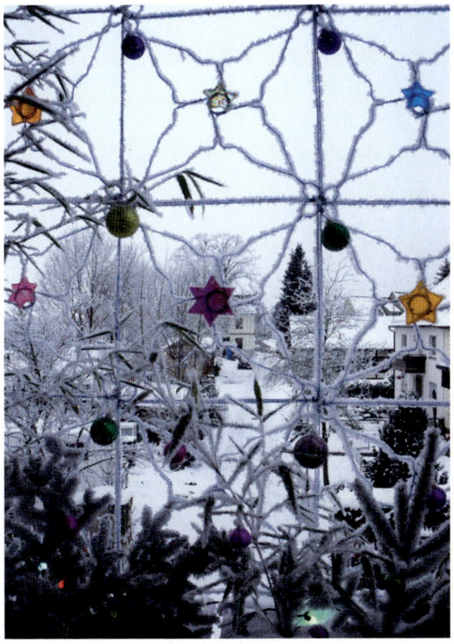

IM WINTER ist das Rankgerüst **EIN TRAUM**, es erinnert mich an ein Gebilde aus Eiskristallen.

Mein Tipp

Farbige Drahtkleiderbügel sind äußerst preiswert. Im Internet bekommen Sie sie für ein paar Cent. Oder Sie sammeln die Bügel aus der Reinigung.

Weitere Ideen

KÜRBISKRANZ

Nicht nur im Frühjahr und im Herbst lassen sich tolle Bastelideen rund um Pflanzen verwirklichen, auch der Herbst hat einiges zu bieten. Die kleinen Zierkürbisse habe ich einfach auf einen dicken Draht aufgefädelt. Dieser herbstliche Kranz heißt nicht nur an Halloween meine Gäste willkommen.

SUKKULENTEN-Parade

Sukkulenten sind die idealen Einstiegspflanzen. Wer wie ich, erstmal den grünen Daumen entdecken muss, der sollte sich am Anfang Pflanzen aussuchen, die pflegeleicht sind. Sukkulenten gehören definitiv dazu. Sie lieben die Sonne, im Frühjahr und im Sommer stehen sie deshalb auch gerne auf dem Balkon. Sie brauchen nicht allzu viel Erde und können daher auch in ausrangierte Töpfe und Tassen gepflanzt werden. Mir persönlich haben es diese türkisfarbenen Töpfe angetan.

RECYCLING-Vasen

Ich bin ein großer Fan von Recycling. Die Glasflaschen, die sich in unserem Haus ansammeln, funktioniere ich kurzerhand zu formschönen Vasen um. Ich sprühe sie einfach mit weißem Haftgrund an und binde noch ein buntes Band um den Flaschenhals.

Hübsche **HOLZHOCKER**

Die Baumstücke habe ich mit Farbe bemalt und mithilfe einer Schablone und weißem Sprühlack ein Muster aufgebracht. Zum Abschluss habe ich es noch mit Lack versiegelt, damit die Holzstämme auch im Freien stehen bleiben können.

Keramik-**TROLLE**

Für die Trolle habe ich sogenannten Steinzeugton in Rot gekauft. Diesen brennt man heißer als den normalen Ton bei ca. 1200 Grad. Die Figuren werden dadurch frostfest. Bei den Wald-Trollen hat sogar mein Bruder Lust bekommen mitzutöpfern. Und mein Bruder hatte noch folgenden Rat: Mit Absicht hässliche Gesichter machen! Die haben einfach mehr Charakter.

Kunterbunte Ideen für Garten & Balkon

HIER KOMMT FARBE INS SPIEL! Viele meiner Ideen, die ich Ihnen auf den folgenden Seiten vorstelle, strahlen mit den farbenprächtigen Blumen auf meinem Balkon und in meinem Garten um die Wette. Tristes Grau und fahle Farben sind einfach nicht mein Ding. Mit Pinsel, Sprühdose, Schablonen und vielen Farben lassen sich aus langweiligen Gartenmöbeln originelle Unikate zaubern. Aber nicht nur Holz lässt sich verschönern, auch selbst getöpferte Keramikkunstwerke erhalten dank Fertigglasuren einen farbenfrohen Anstrich.

Mein FARBKREIS
MUSTER:
Streichen
Sprühen
mit Schablone
mit Stempeln
Meine Lieblings-Farbkombinationen

Ja, das sind schon recht viele verschiedene Muster in Kombination. Aber durch die **MEERESFARBEN** wird alles optisch zusammengehalten.

Individuelle Balkonmöbel

Zusammenklappbare Balkonmöbel aus Holz mit einem Metallgestell kennt jeder. Sie stehen tausendfach auf unseren Balkonen, warten in Garagen auf Anlässe, zu denen mal mehr Stühle als sonst gebraucht werden, und sind überhaupt furchtbar praktisch. Aber müssen sie immer langweilig naturbelassen bleiben? Ich finde nein, also her mit der Farbe!

1 Zuerst kommt der Tisch an die Reihe. Der geht ganz fix: Einfach das Wachstuch etwas größer als die Tischplatte groß ist zuschneiden. Dann die Tuchränder auf der Unterseite der Platte festtackern. Das Ergebnis wird am besten, wenn Sie immer gegenüberliegende Seiten und nicht ringsherum tackern. Dabei können Sie das Wachstuch schön straff ziehen und es verzieht sich nicht so leicht. Die Ecken werden wie ein Geschenk eingeschlagen und ebenfalls getackert.

2 Die Holzlatten der Stühle werden angeschliffen und dann mit den Acrylfarben nach Wunsch gestrichen. Ich habe für jede Latte einen anderen Ton gewählt, dabei blieb ich aber in der Farbfamilie Blau-Grün.

3 Jetzt kommt der Clou: die Schrift auf dem Stuhl! Erstellen Sie am Computer die Wörter, Namen oder Zahlen, die Sie auf dem Stuhl haben möchten, in gewünschter Schriftart und -größe. Die Schriftzüge müssen Sie dann spiegelverkehrt auf Normalpapier mit dem Laserdrucker ausdrucken. Haben Sie einen Tintenstrahldrucker, funktioniert der Schrifttransfer nicht direkt. Dann müssten Sie den Zwischenschritt über den Copyshop machen: Kopieren Sie Ihren Tintenstrahlausdruck auf normales Papier, dann klappt es mit dem Schrifttransfer.

4 Schneiden Sie die Schriftzüge aus und bepinseln Sie sowohl die bedruckte Seite des Papiers als auch die Holzlatte, auf die das Wort soll, mit dem Transferlack. Legen Sie das Papier mit der bedruckten Seite auf die Latte und drücken Sie es fest. Danach alles gut trocknen lassen. Auf die gleiche Weise habe ich übrigens auch die Sterne aufgebracht.

5 Nach dem Trocknen das Papier anfeuchten. Nun können Sie es komplett mit dem Schwämmchen wegrubbeln. Was übrig bleibt, ist die im Lack eingeschlossene Druckerschwärze auf dem Holz. Damit die Schrift brillant zu sehen ist, alles zum Schluss mit Bootslack und der Lackierrolle überrollen.

Mein Tipp

Sie können nicht nur Möbel mit Schriften versehen, auch Ordnungsboxen aus Holz verraten so verziert ihren Inhalt: Bauklötze und Spielfiguren im Kinderzimmer, Schreibmaterial im Büro …

Das brauchen Sie

- Wachstuch
- Schere
- Tacker
- Schleifpapier
- wetterfeste Acrylfarben in verschiedenen Farben
- flacher Pinsel zum Streichen
- Ausdruck vom Laserdrucker oder Kopie auf Normalpapier, spiegelverkehrt
- Transferlack
- Wasser
- Spülschwämmchen
- Bootslack farblos
- Lackierrolle

Das Wachstuch sollte schön STRAFF FESTGETACKERT werden, dann gibt es auf der Tischplatte keine Falten oder Blasen.

Mustergültige **Gartenbank**

Sie glauben, ich habe diese Holzbank stundenlang bemalt? Nein, so feine Müsterlein brauchen Sie nicht aufzupinseln. Mit der Serviettentechnik können Sie die wildesten Muster auf die Bank bringen. Ganz schön raffiniert, oder?

Das brauchen Sie

- wetterfester Acryllack in Weiß und Farblos
- evtl. Acryllack für die Bankfüße
- Servietten mit bunten Mustern
- breiter Flachpinsel
- Bootslack in Farblos
- Lackierrolle
- Schleifpapier

Mein Tipp

In Künstlerbedarfsgeschäften gibt es UV-beständige Lacke. Eine Schicht davon zwischen dem farblosen Lack, der die Servietten hält, und dem Bootslack wirkt Ausbleichen entgegen.

Katzen wissen immer, wo der beste Platz ist. Unsere **KATZE PRINZESSIN** hat die Bank sofort für sich entdeckt.

1 Zuerst entfernen Sie Schmutz und alte, lose Lackschichten von der Bank. Schleifen Sie sie an.

2 Dann tragen Sie den weißen Lack als Grundierung auf. Nur auf weißem Untergrund leuchten die Serviettenfarben später schön. Eventuell noch die Beine der Bank passend zu den Servietten lackieren und alles trocknen lassen.

3 Schneiden Sie in der Zwischenzeit die Servietten in Streifen passend zu Ihrer Bank: Rechnen Sie dazu die Breite einer Latte der Bank plus vorn und hinten ein paar Zentimeter hinzu, damit man die Ränder der Servietten bis zu den Lattenseiten klappen kann. Das ergibt einen sauberen Abschluss. Ziehen Sie nur die oberste, bedruckte Schicht der Serviette ab.

4 Nun geht es ans Aufkleben der Servietten: Gehen Sie dabei immer Stück für Stück vor. Beginnen Sie mit der ersten Bankstrebe im oberen Bereich. Bestreichen Sie ein Stück dünn mit Klarlack. Sofort die bedruckte Serviettenschicht auf der feuchten Lackschicht platzieren und vorsichtig mit den Fingern feststreichen, sodass die Serviette möglichst wenig Falten wirft. Jetzt mit einem weichen Pinsel noch einmal satt Klarlack auf die Serviette aufpinseln. Dadurch wird sie mit Lack durchtränkt und klebt gut am Untergrund fest. Immer von der Mitte der Serviette nach außen streichen. Klebt die Serviette oben auf der Latte fest, können Sie den Rest der Serviette auf die gleiche Weise um die Ecken nach unten streichen, damit die Latten auch vorne und hinten, also in den Zwischenräumen der Latten, farbig werden. Nicht zu viel Druck mit dem Pinsel ausüben, damit das hauchdünne Papier nicht reißt. So Stück für Stück und Strebe für Strebe vorgehen.

5 Nachdem alles getrocknet ist, die Bank mehrmals, also drei- bis fünfmal, mit Bootslack und der Lackierrolle überlackieren. Alle Lackschichten vor dem nächsten Anstrich gut trocknen lassen und leicht anschleifen. So wird die Oberfläche ganz glatt und widerstandsfähig.

Regal aus **bunten** Brettern

Mit der Idee für ein neues Balkonregal im Kopf bin ich dieses Mal nicht in den Baumarkt, sondern in eine Sägerei gefahren. Es hat sich gelohnt! Erstens war es spannend zu beobachten, wie aus einem Stamm Bretter werden. Und zweitens habe ich sehr günstige Schwarten bekommen. Schwarten haben übrigens nichts mit dem Sonntagsbraten zu tun, nein, so nennt man Bretter, deren Seiten unbesäumt, also noch unregelmäßig und mit Rinde bedeckt sind.

Das brauchen Sie

- unbesäumte Bretter („Schwarten")
- Ziegelsteine, Anzahl und Größe je nach Anzahl und gewünschtem Abstand der Regalböden
- Schleifpapier mit Schleifklotz oder Schleifmaschine
- evtl. Messer
- wetterfeste Acrylfarbe in Ihren Wunschfarben
- Schablonen
- verschiedene Flachpinsel

1 Lassen Sie sich die Schwarten in der Sägerei schon auf die gewünschte Länge Ihres Regals zuschneiden. Schauen Sie, ob die Schwarten grobe Splitter an den Rändern haben, diese mit einem Messer oder Schleifpapier grob entfernen, damit Sie sich nicht daran verletzen.

2 Die Schwarten nun rundherum mit grobem Schleifpapier abschleifen und dann locker in den gewünschten Farben streichen. Die Holzmaserung soll noch durchscheinen.

3 Da die Farbe auf den Brettern die Holzfasern aufstellt, sollten Sie nach dem Trocknen der Farbe noch einmal mit einem feineren Schleifpapier darübergehen. Dann sehen die Bretter ein bisschen gealtert aus und fühlen sich schön glatt an.

4 Dann folgt die Verzierung. Stupfen Sie die Schablonen mit Acrylfarbe und einem kleineren festen Pinsel aus.

Mein Tipp

Ziegelsteine gibt es in vielen verschiedenen Größen. Je nachdem welche Sie wählen, hat das Einfluss auf Ihr Regal. Denn die Steine geben den Abstand zwischen den Regalböden vor.

Mein **SOMMER-SONNE-URLAUBSLAUNE-REGAL** in voller Pracht.

Schöne Knäufe, Netze und eine Lichterkette geben der Strandbar den **LETZTEN SCHLIFF.**

Die **Strandbar** ist eröffnet!

Eine Bar in Strandoptik bringt Urlaubsgefühle in die eigenen vier Wände bzw. auf die Terrasse! Selbst gemacht kann man Sie passgenau nach den eigenen Maßen gestalten, in den Lieblingsfarben streichen und mit eigens ausgedachten Schriftzügen verzieren.

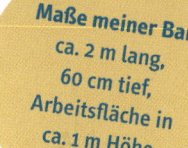

Maße meiner Bar
ca. 2 m lang,
60 cm tief,
Arbeitsfläche in
ca. 1 m Höhe

Das brauchen Sie

- sägeraue Kanthölzer für den Unterbau, ca. 6 cm stark, im Baumarkt zusägen lassen: 4 Stück à 2 m, 7 Stück à 54 cm, 4 Stück à 80 cm, 2 Stück à 40 cm lang
- ca. 14 Dachlatten für die Zwischenböden, 2 m lang
- Dachlatten für das Dach: 2 Stück à 2,40 m, 5 Stück à 80 cm lang
- 4 Palisadenpfosten, ca. 2–2,50 m lang
- Bretter zur Verkleidung, zwischen 90 cm und 105 cm lang (verschiedene Zaunlatten, Bodenbretter, sägeraue Schwarten bzw. Restholz aus der Sägerei, Holzbretter von alten Paletten …)
- Siebdruckplatte als Arbeitsplatte, ca. 2 m × 60 cm × 12 mm (aus dem Baumarkt)
- 6 große Rollen, ø ca. 10 cm
- ca. 30 Schrauben, 10 cm lang
- ca. 100 Schrauben, 3,5 cm lang
- mindestens 10 große Unterlegscheiben
- Glasmosaikfliesen auf Netz geklebt (aus dem Baumarkt oder Fliesenfachhandel)
- 2 Bambus- oder Bastmatten
- Schablonen, Stempel oder Musterrollen zum Verzieren
- 3 × graues Silikon mit Kartuschenpresse
- Fugenmörtel in Grau
- spiegelverkehrte Schriftzüge als Laserdrucker-Ausdrucke oder Kopien
- für die Schriftzüge: Laserprint-Transferlack (aus dem Bastelladen)
- Dekomaterial wie Haken, Knäufe, Netze, Lichterkette …
- wetterfeste Acrylfarbe und Acryllack, auch -spray in verschiedenen Farben
- Bootslack
- feiner Zahnspachtel
- glatter Spachtel
- Gummispachtel
- Abdeckplane für draußen
- Eimer Wasser
- Einweghandschuhe
- Lackierrolle
- Pinsel
- Schwamm
- alter Lappen bzw. Küchenkrepp
- guter Akkuschrauber
- Schleifmaschine

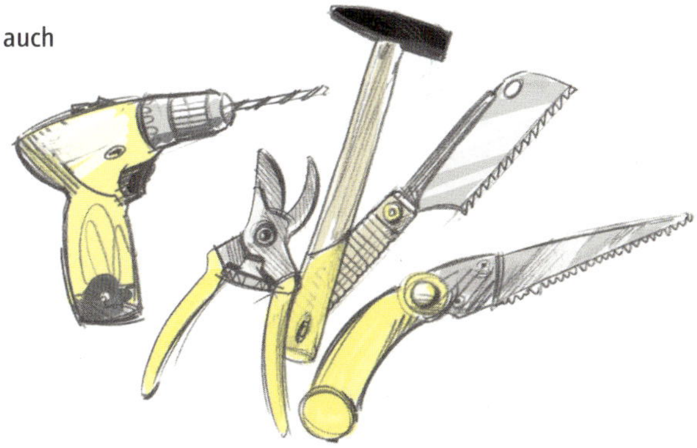

Perfekt für GEMÜTLICHE SOMMERABENDE mit den besten Freunden!

Einladung
GARTENFEST

Mein Tipp

Wenn Sie etwas Erfahrung im Handwerken haben, können Sie die Maße meiner Bar nach Ihren Wünschen verändern. Eine Skizze hilft dabei, die neuen Maße auszurechnen.

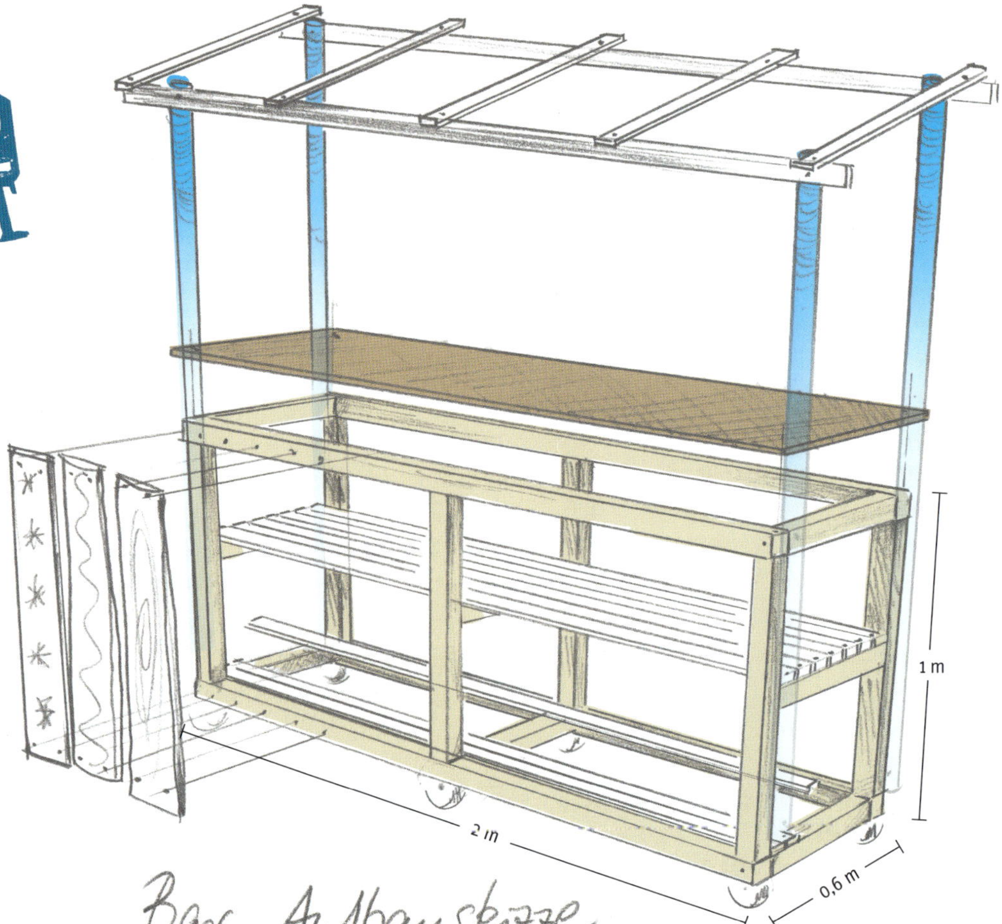

Bar Aufbauskizze

1 Zuerst wird der Rahmen gebaut. Dazu aus den passend zugesägten Kanthölzern und den langen Schrauben einen Quader zusammenschrauben. An den kurzen Seiten Zwischenverstrebungen einbauen, als Auflage für die Zwischenablage. Auch die langen Seiten werden durch eine Zwischenverstrebung verstärkt. In der Illustration sehen Sie, wie die Teile zusammengehören.

2 Für den Lattenrost, der als Zwischenablage dient, können Sie Dachlatten verwenden. Beim Verschrauben immer eine Dachlatte hochkant als Abstandhalter zwischen die anzuschraubenden Latten legen und diese nach dem Verschrauben wieder herausziehen. So haben alle Latten im Rost den gleichen Abstand, das erspart unnötiges Messen.

3 An der Unterseite der Bar sechs große Rollen anschrauben, so bleibt die Bar flexibel und lässt sich leicht hin- und herschieben.

4 Die Siebdruckplatte als Arbeitsplatte oben aufschrauben und mit Glasmosaikfliesen verschönern. Dazu die Glasmosaik-Netze passend zuschneiden. Geben Sie abschnittweise Silikon auf die Siebdruckplatte und streichen es mit dem glattem Spachtel vollflächig auf. Bearbeiten Sie immer nur einen so großen Bereich der Platte, den Sie in ungefähr 10 Minuten bekleben können. Besonders an den Rändern sollten Sie das Silikon sorgfältig auftragen, damit die Kanten der Platte bei späterem Gebrauch nicht aufquellen. Zahnen Sie das Silikon mit dem Zahnspachtel auf, das bedeutet, Sie ziehen ein Wellenmuster in die Masse, damit sich die zu verklebenden Teile optimal verbinden. Mosaike auflegen und leicht eindrücken, aber passen Sie auf, dass kein Silikon zwischen den Fugen hochquillt. Hände und Werkzeug lassen sich nach dem Arbeiten übrigens mit trockenem Küchenkrepp abwischen. Am nächsten Tag können Sie das Mosaik mit Fugenmörtel ausfugen (siehe Seite 148).

5 Für die Verkleidung der Bar grundieren Sie die verschiedenen Bretter farbig. Nach dem Trocknen können Sie die Bretter abschleifen, damit eine gebrauchte Optik entsteht. Muster können mit Stempeln, Schablonen oder Mustermalerrollen aufgetragen werden. Sehr toll wirkt die Farbkombination Türkis-Gold. Wenn Sie Schriftzüge aufbringen möchten, können Sie die sogenannte Transfertechnik verwenden, auf Seite 31 habe ich ausführlich beschrieben, wie es gemacht wird. Zum Schluss befestigen Sie die fertig verzierten Bretter mit den kürzeren Schrauben rundherum am Rahmen.

6 Damit Sie auch bei Regen weiterfeiern können, bekommt die Bar noch ein Dach: Schrauben Sie vier Palisadenpfosten fest an die Ecken der Bar. Die zwei vorderen Pfosten kürzen Sie um ca. 30 cm, damit das Dach ein Gefälle nach vorne bekommt. Für die Dachkonstruktion aus Dachlatten einen viereckigen Rahmen mit drei Zwischenverstrebungen bauen und auf die Pfosten schrauben. Jetzt eine Bambusmatte auflegen, darauf die passend zugeschnittene Gartenplane auflegen, darüber wieder eine Bambusmatte. Durch die Plane wird das Dach regendicht. Die Matten mit Schrauben und Unterlegscheiben von oben an dem Gerüst aus Dachlatten verschrauben.

7 Zum Abschluss können Sie die gesamte Bar einmal mit Bootslack überstreichen, dann wird sie besonders wetterfest. Schöne Knäufe, Netze und Lichterketten geben der Strandbar den letzten Schliff.

Da kommt **URLAUBS-FEELING** auf.

Bei den beiden großen Türen unten ist der **CLOU DER VERWENDUNG UNTERSCHIEDLICHER FARBTÖNE** gut zu sehen: Die innen liegenden Teilen sollten eher helle, äußere Partien dunklere Nuancen erhalten.

Küchenbuffet **aufgemöbelt**

Von einigen Möbelstücken können wir uns einfach nicht trennen. Sie dümpeln Jahrzehnte lang im Keller oder auf dem Dachboden vor sich hin, auch, weil Erinnerungen an ihnen hängen. Unser altes Küchenbuffet – vielmehr eine Kommode mit einem Aufsatz, die ursprünglich gar nicht zusammen gehörten, hat meine Mama vor 20 Jahren erstanden. Die letzten 10 Jahre hat das Ding im Schuppen verbracht. Zeit, ihm neues Leben einzuhauchen!

1 Schrauben Sie alte Griffe und Beschläge ab. Reinigen Sie das gesamte Möbelstück gründlich und lassen Sie es trocknen. Spachteln Sie die Löcher der alten Griffe mit Spachtelmasse aus.

2 Ist der alte Anstrich besonders glatt oder löst sich bereits ab, sollten Sie alles mit Schleifpapier vorschleifen. Bei meinem Buffet war dieser Arbeitsschritt nicht nötig.

3 Nun können Sie Teile des Möbels mit Spachtelmasse ausbessern, neue Füße anleimen, Zierleisten aufkleben oder sonstige Verschönerungen vornehmen.

4 Nun kommt Farbe ins Spiel! Da mein Buffet Gelb werden soll und Gelb prinzipiell schlecht deckt, streiche ich es komplett mit weißem Acryllack vor. So leuchtet das Gelb später schön. Ich grundiere es bewusst unregelmäßig, nicht nur, weil es so schneller geht, sondern weil ich eine antike Optik des Anstrichs erzielen will. Das heißt, wenig Farbe auf den Pinsel nehmen und locker senkrecht oder waagrecht in Holzmaserungsrichtung streichen. Nicht kreuz und quer. Wollen Sie Ihr Möbelstück beispielsweise in Hellblau streichen, wäre eine weiße Grundierung nicht unbedingt notwendig, da Blautöne sehr gut decken.

So sah das betagte Schätzchen **VOR DER SONNENGELBEN FRISCHEKUR** aus.

Das brauchen Sie

Für das Küchenbuffet:

- altes Küchenbuffet oder anderes Möbelstück aus dem Schuppen, vom Trödler oder Flohmarkt
- Putzmittel
- Holzspachtelmasse und Spachtel
- falls nötig neue Details wie Kugelfüße, Sperrholzornamente, Zierleisten (aus dem Bastelbedarf oder Baumarkt) und Holzleim
- wetterfeste Acrylfarbe oder Acryllack auf Wasserbasis
- Bootslack
- feines Schleifpapier
- breite Flachpinsel, Lackierrolle, Schwämmchen
- Schraubenzieher
- Akkubohrer und -schrauber
- neue Tür- und Schubladengriffe

Für die Schubladen:

- Baumwoll-Stoffreste
- Rollschneider mit Unterlage oder Schere
- Tapetenkleister für schwere Stofftapeten
- Bootslack
- Holzleim
- kleiner Tapezierpinsel
- Plastikspatel
- Meterstab

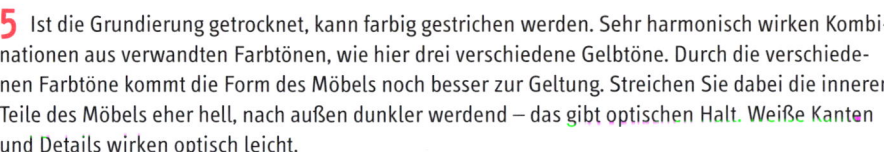

5 Ist die Grundierung getrocknet, kann farbig gestrichen werden. Sehr harmonisch wirken Kombinationen aus verwandten Farbtönen, wie hier drei verschiedene Gelbtöne. Durch die verschiedenen Farbtöne kommt die Form des Möbels noch besser zur Geltung. Streichen Sie dabei die inneren Teile des Möbels eher hell, nach außen dunkler werdend – das gibt optischen Halt. Weiße Kanten und Details wirken optisch leicht.

6 Die Arbeitsplatte habe ich mit Schwämmchen und verdünntem Acryllack weiß lasiert. Hier auch bitte in Richtung der Holzmaserung streichen. Zum leichteren Bearbeiten der Arbeitsplatte sollten Sie den Buffetaufsatz wenn möglich vom Unterschrank herunternehmen.

7 Um das Buffet auf Alt zu trimmen, können Sie jetzt mit Schleifpapier in Holzmaserungsrichtung über die Farbe schleifen. So tritt die Maserung wieder hervor und die Oberfläche wird schön glatt. An den Kanten verstärkt schleifen, damit eine abgewetzte Optik entsteht.

8 Für ein raffiniertes Innenleben aus Stoff messen Sie die weiß grundierten Schubladen innen aus und schneiden Sie Stoffstücke passend zu. Dann Tapetenkleister und Holzleim im Verhältnis ca. 4:1 mischen und die Schubladen-Innenseiten damit ausstreichen. Den Stoff innen einkleben und feststreichen, und zwar sollten Sie dabei von innen nach außen mit einem Spatel streichen, so entstehen keine Falten oder Luftblasen. Wie beim Plakatieren einer Plakatwand noch mal von oben mit der Kleister-Leimmischung über den Stoff streichen. So wird die Oberfläche versiegelt. Noch „putzfester" werden die Schubladen, wenn Sie die Innenseiten am nächsten Tag nochmals mit Klarlack streichen.

9 Zum Schluss bohren Sie an der gewünschten Position Löcher für die neuen Griffe und schrauben sie fest.

Die aufgemöbelten Lieblingsstücke wirken keineswegs wie neu gestrichen, sondern so, als wären sie **SCHON IMMER SONNENGELB, TÜRKIS ODER MOHNROT GEWESEN.**

Mein Tipp

Besonders robust und abwischbar wird die Arbeitsplatte, wenn man sie mithilfe einer Lackierrolle mit Bootslack versiegelt. Alles über Nacht trocknen lassen und wegen den Lösemitteln den Raum gut lüften.

Bunte Äste im Blumenkasten

Im Urlaub am Strand, an Flüssen oder Seen kann man sie sammeln: vom Wasser abgeschliffene Äste in allen Formen und Größen. Verziert mit etwas Farbe und Bändern sind sie nicht nur eine schöne Erinnerung an den Urlaub, sondern auch eine tolle Deko für das eigene Zuhause.

Wählen Sie die Farben nach **LUST UND LAUNE** passend zu Ihrer Balkonbepflanzung. Egal, ob ganz dezent oder knallbunt, die verzierten Äste verbreiten lang anhaltendes Urlaubsgefühl.

Das brauchen Sie

- Äste, Treibholz
- Acrylfarbe
- Pinsel in unterschiedlicher Breite
- Marker in Weiß und Gold
- Masking Tape (bunt gemusterte Klebebänder)
- Reste von Wolle, Geschenkbändern, Paketschnur …

1 Zuerst versehen Sie die Äste mit einigen Ringeln aus Farbe. Sehr schnell und praktisch geht das, wenn der Pinsel genau die Breite hat, in der Sie die Streifen haben wollen.

2 Ist die Farbe getrocknet, zusätzlich mit dem Marker Muster aufmalen und einige Stellen mit Masking Tapes und anderen Bändern umwickeln.

MEINE KUNTERBUNTE SAMMLUNG!
Einfach eine geniale Idee für die Bastelrest-Verwertung.

Geringelte Äste, verzierte Gläser, schimmernde Laternen und knallfarbene Blumen – **BUNTER GEHT ES NICHT.**

Laternenbaum

Das Schöne an dieser Idee ist, dass Sie sie in der Größe variieren können: Wenn Sie eine Tischdeko suchen, nehmen Sie kürzere Zweige und hängen Mini-Gläschen an. Auf Flohmärkten findet man zum Beispiel immer wieder kleine Kristallväschen. Große Äste dagegen, behangen mit kleinen Limonadeflaschen, finden in einer Bodenvase ihren Platz.

Das brauchen Sie

- großer Ast, z. B. von einer Korkenzieherweide oder ein bereits abgebrochenes Fundstück aus dem Wald
- Müllsäcke zum Abdecken
- Acryllackspray in Weiß
- kleine, fertig gekaufte Laternen
- kleine Vasen und Gläschen, z. B. ausgewaschene Joghurt- oder Babybreigläser
- bunte Acrylfarben
- Pinsel
- bunte Klebebänder mit verschiedenen Mustern
- Aludraht, ca. 2 mm stark
- Zange

Hier kann man die selbst gemachten Aufhängungen der **FLASCHEN** und **GLÄSCHEN** gut erkennen.

1 Als Fuß für den Laternenbaum habe ich einen Beton-Gugelhupf gewählt. Eine Anleitung dazu finden Sie auf Seite 64. Alternative können Sie den Ast auch in einen großen Blumentopf stellen. Fixieren Sie den Ast mit Steinen. Richtig standfest wird es, wenn Sie den Blumentopf mit schnell härtendem Beton ausgießen. Fertigbeton-Pulver gibt es im Baumarkt.

2 Die Umgebung mit Müllsäcken abdecken und den Ast weiß ansprühen. Unbedingt draußen sprühen! Alternativ kann auch Acrylfarbe mit einer kleinen Lackierrolle aufgetragen werden. Ist die Grundierung getrocknet, bunte Ringel frei Hand mit dem Pinsel aufmalen.

3 Haken aus Draht zurechtbiegen, wie auf den Bildern zu sehen ist, und am Ast befestigen. Hier werden später die Laternen und Windlichter eingehängt.

4 Die Gläschen für die Windlichter mit bunten Klebestreifen verzieren. Als Aufhängung eine Schlaufe aus Draht biegen, mit je einem Kringel am Ende. Den Draht mit einer weiteren Drahtschlaufe am Gläschen oder an der Minivase fixieren, dabei den Draht oben um das Glas herum wickeln und mit der Zange fest verzwirbeln. Den überschüssigen Draht abknipsen.

5 Windlicht-Gläschen und Laternen in die Drahthaken an den Ästen einhängen.

Mein Tipp

Schöne Äste hole ich aus dem Garten oder beim Floristen. Wenn die Stadt die Straßenbäume schneidet, lohnt es sich ebenfalls zu fragen, ob man sich Äste mitnehmen darf.

Welch imposantes **LICHTERMEER** auf meinem Balkon!

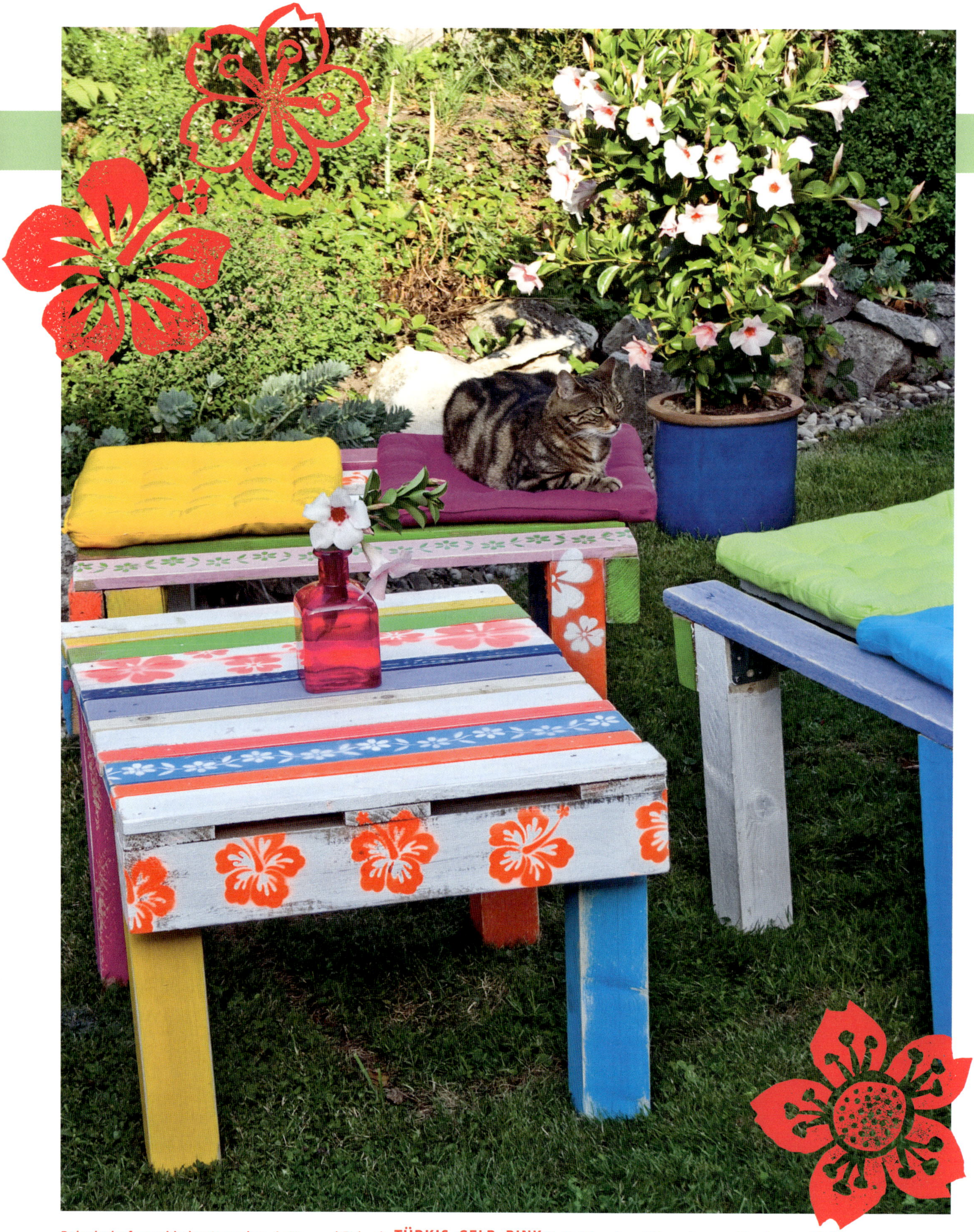

Bei mir darf es ruhig bunt zugehen: Latten und Beine in **TÜRKIS, GELB, PINK** finde ich sehr schön und passend zu bunten Sitzkissen.

Karibische Gartensitzgruppe

Meine Cousine Elena liebt ihren Garten, doch sie vermisste immer ein wenig Pep in Ihrem grünen Zuhause. Kein Problem! Zusammen mit einer Freundin bauten wir drei die Sitzgruppe mit Urlaubsfeeling an einem Tag.

1 Schrauben Sie die sägerauen Balken als Beine unten an die Paletten: Dazu unter der Tischplatte bzw. Sitzfläche Winkel verwenden, von oben zusätzlich Schrauben gegenschrauben. Wer Schrauben unten schräg an den Beinen ansetzt und bis in die Palette schraubt, kann eventuell auf die Winkel verzichten.

2 Für das Gartentischchen mit glatter Tischplatte können Sie in die Zwischenräume der Palette passend zugesägte Dachlatten mit Hammer und Nägeln einsetzen. Bei den Hockern und der Liege stören die Abstände zwischen den Palettenlatten dagegen nicht.

3 Sämtliche Teile grob abschmirgeln.

4 Streichen Sie alles mit weißem oder farbigem Acryllack. Ich mag es kunterbunt: jede Palettenlatte und jedes Bein in einer anderen Farbe. Wenn man den Lack mit Wasser verdünnt und über Stellen der Paletten streicht, die bedruckt sind, scheint die Schrift noch durch. Nach dem Anstrich alles noch einmal leicht schleifen. So wird die Oberfläche ganz glatt und die Holzmaserung schimmert durch. Die Kanten ruhig etwas mehr schleifen, so werden die Gartenmöbel auf alt getrimmt.

5 Für die karibischen Verzierungen greifen Sie zu Blüten-Schablonen und Lackspray in verschiedenen Farbtönen. Ich habe u.a. Weiß, Türkis und Neonpink ausgesucht. Besprühen Sie am besten die Stellen mit den Motiven, die später auch mit Kissenauflage zu sehen sind, also Beine und äußere Latten. Die Schablonen an den gewünschten Stellen auflegen, außen herum mit Pappe abdecken und los geht's mit dem Verzieren.

Das brauchen Sie

- Einweg-Paletten in verschiedenen Größen, z. B. für die Liege: 2 Paletten à 1 × 1 m, für die beiden Hocker und einen Tisch: 3 Paletten, ca. 60 × 80 cm (Paletten gibt es bei nettem Fragen umsonst beim Palettenhändler, im Baumarkt, Großmarkt oder auf Baustellen)
- 10 × 10 cm starke sägeraue Balken, im Baumarkt 20 Stück mit einer Länge von jeweils 30–40 cm zusägen lassen (je nach Breite der Palettenlatten)
- evtl. Dachlatten, im Baumarkt passend zugesägt auf Länge und Breite der Zwischenräume zwischen den Palettenlatten
- Winkel
- Schrauben
- Akkuschrauber
- evtl. Nägel
- evtl. Hammer
- reichlich Schleifpapier in 80er und 120er Körnung
- wetterfester Acryllack in Weiß und Farben nach Wunsch
- Lackspray in Farben nach Wunsch
- Einweghandschuhe
- Schablonen mit Blütenmotiv
- Pappe zum Abdecken
- Pinsel
- Schleifmaschine

Mein Tipp

Passend zur Sitzgruppe kann man auch noch unifarbene Kissenhüllen mit den gleichen Schablonen und Stoffmalfarbe verzieren.

Die **PAUSE** hab' ich mir verdient, oder?

Meine Idee für den **SITZPLATZ** war, dass einzelne Plattenquadrate zusammen ein großes Quadrat bilden.

Bemalter **Boden**

Ich hatte günstige, aber zugegebenermaßen auch hässliche Betonplatten erworben. Es waren diese typischen grauen, 30 × 30 cm großen Dinger, mit denen ich einen neuen Sitzplatz im Gras anlegen wollte. Aber vor dem Verlegen kam die Verschönerungsaktion.

1 Ich habe meine Betonplatten erst bemalt, dann verlegt. So konnte ich vorher verschiedene Legekombinationen ausprobieren. Sie können aber genauso gut einen fertigen Sitzplatz Platte für Platte verzieren. Zuerst werden die Platten grundiert: Meiner Erfahrung nach eignet sich mit Wasser verdünnte, wetterfeste Acrylfarbe besser als fertige Betonlasur. Acrylfarbe gibt es nämlich in kleineren Mengen pro Farbe und größerer Farbauswahl. Das ist unter dem Strich für ein so kunterbuntes Werk wie meines günstiger. Fertige Betonlasur, die es nur in größeren Gebinden zu kaufen gibt, eignet sich bei großen Flächen, wenn Sie z. B. alle Platten in der gleichen Grundfarbe streichen wollen und sich nur die Muster unterscheiden sollen.

2 Die Lasur, ob selbst gemacht oder als fertige Mischung gekauft, wird mit einem breiten Pinsel auf die Platten gestrichen. Diese nehmen die Farbe ein bisschen auf, so bleibt die Betonstruktur erkennbar – das mag ich!

3 Mit unverdünnter Acrylfarbe werden dann nach dem Trocknen der Lasur die Muster nach Lust und Laune aufschabloniert. Ich habe die Platten zum Schluss nicht versiegelt, wenn die Farben nach einigen Jahren verblassen, können Sie die Muster auffrischen, also heben Sie am besten die Schablonen auf!

4 Ich wollte schon immer einen Sitzplatz selbst verlegen. Mich hatte zwar zuerst die große Menge an Erde und Splitt, die dafür bewegt werden wollen, leicht schockiert. Aber der tatkräftigen Unterstützung meiner männlichen Familienmitglieder, in Form meines Mannes, meines Bruders und meines Papas, sei Dank: Der bunte Sitzplatz ist Realität geworden! Ich habe zuerst den Bereich für den zukünftigen Sitzplatz ausgemessen und mit Eckpfosten und genau waagerechten Schnüren markiert. Meine starken Männer haben innerhalb der abgesteckten Fläche ca. 20 cm tief Erde ausgehoben und Splitt eingefüllt. Mit einem Rüttler, den man sich im Baumarkt ausleihen kann, habe ich die Fläche gerüttelt, sodass eine feste Schicht entstanden ist. Darauf kam eine dünne Schicht aus Zementpulver und Sand. Dann konnte ich die Platten nach und nach in Sand verlegen, immer mit einer 2–4 mm breiten Fuge dazwischen. Zum Schluss wird der Boden mit dem Schlauch gut gewässert, damit der Zement unter den Platten reagieren kann und hart wird. Auch in die Fugen kehrte ich ein Gemisch aus Sand und Zementpulver. Für die Befestigung des Rands haben wir große Kieselsteine in flüssigen Beton gelegt.

Das brauchen Sie

- Betonplatten, einzeln oder bereits fertig verlegt
- wetterfeste Acrylfarbe, zum Teil als Lasur verdünnt oder extra Betonlasur und zusätzlich etwas Acrylfarbe für die Muster
- breiter Pinsel zum Grundieren
- fester Pinsel zum Stupfen der Muster
- quadratische und runde Schablonen in passender Größe (aus dem Internet oder Bastelbedarf)

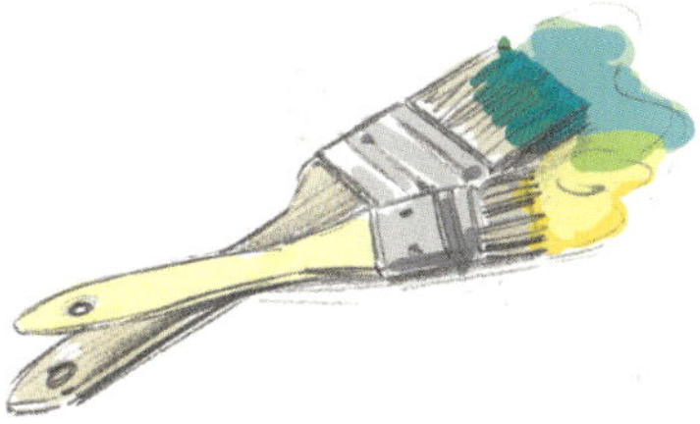

Mein Tipp

Schablonen kann man aus fester Plastikfolie oder wetterfestem Papier (Tyvek®) selber machen. Einfach ein Muster ausdenken, auf Papier vorzeichnen und auf die Folie übertragen. Die Flächen, die farbig werden sollen, mit einem Cutter ausschneiden.

Meine fleißigen **HELFERLEIN!**

Wie in der Natur können Pilzhüte verschieden geformt sein. Nehmen Sie doch ein **PILZBUCH ALS INSPIRATION** zur Hand.

Keramik**pilze**

Ich gebe zu, im Wald habe ich nicht das Auge für Braunkappe, Pfifferling und Co. Vielleicht sind sie mir einfach nicht bunt genug? Jedenfalls habe ich unter Buchen und Kiefern noch nie so schöne Pilze gefunden wie die in meinem Garten. Und hier haben sie auch das ganze Jahr über Saison, im Winter dann eben mit Schneehäubchen ...

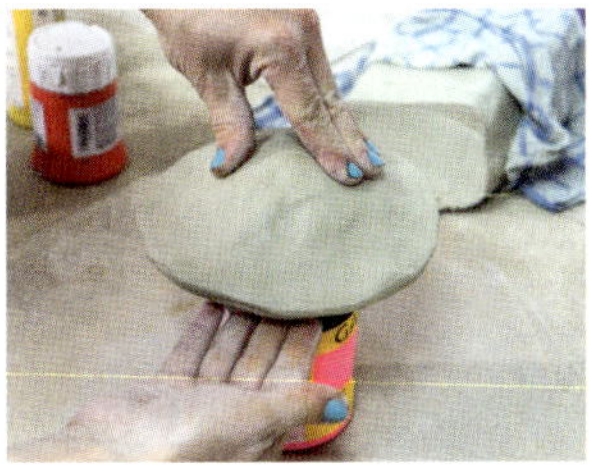

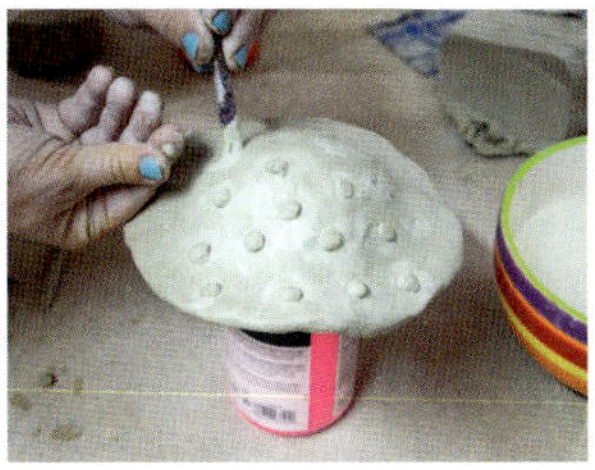

1 Schneiden Sie sich mithilfe des Drahtes eine dicke Scheibe Ton vom Block ab. Üblicherweise wird Ton in 10-kg-Packungen verkauft. Den Rest wickeln Sie in einen feuchten Lappen, damit der nicht austrocknet und hart wird. Die Scheibe Ton kneten Sie zuerst auf einer Spanplatte gut durch. Die Spanplatte ist am besten als Unterlage für Tonarbeiten geeignet.

2 Formen Sie aus dem Ton eine etwa schneeballgroße Kugel und drücken Sie sie mit der Hand platt zu einem Kreis. Arbeiten Sie nun die Pilzhutform heraus. Ich lege den Tonkreis dazu auf den Verschluss eines Farbfläschchens. Dadurch drückt sich eine Vertiefung unten in den Hut, mit deren Hilfe ich den Pilz später gut auf seinem Stiel platzieren kann. Die Ränder biege ich leicht nach unten, sodass die typische Hutform entsteht. In die Unterseite ritze ich mit dem Buttermesser Lamellen ein. Oder ich drücke mit einem alten Kugelschreiber Löcher hinein, damit eine schwammähnliche Struktur entsteht. Auch auf der Oberseite des Pilzes drücke ich Punkte ein oder setze winzige Tonkügelchen auf, sodass diese erhaben sind. Beim Aufsetzen ist es wichtig, dass beide Tonflächen, die miteinander verbunden werden sollen, mit Wasser benetzt und etwas angeraut werden. Dann verbinden sich die Teile sicher. Dazu benutze ich einen harten Borstenpinsel, denn er feuchtet und raut die Flächen in einem Arbeitsschritt an. Auch die Minikugeln für die Pilzpunkte sollten mit dem Borstenpinsel vorbereitet werden.

3 Lassen Sie die Hüte mehrere Tage an einem kühlen Platz trocknen. Dann werden sie erstmals im sogenannten Schrühbrand bei knapp 1000 Grad gebrannt. Falls Sie nicht wie ich das große Glück haben, einen Brennofen ihr Eigen zu nennen, fragen Sie gleich beim Ton-Einkauf beim Keramiker oder im Bastelgeschäft, wo Sie gegen eine Gebühr brennen lassen können. Nach dem Schrühbrand können Sie die Pilze glasieren: Pinseln Sie Glasur auf den gebrannten Ton und wundern Sie sich bitte nicht, denn die Glasur erscheint jetzt noch nicht in ihrer endgültigen Farbe. Rote Glasur ist beim Auftragen zum Beispiel häufig schweinchenrosa. Wischen Sie gegebenenfalls mit einem feuchten Läppchen oder Schwamm die erhabenen Punkte wieder ab, dann bleiben diese weiß. Wischen Sie auch immer die Hutunterseiten ab, dann kann der Keramiker die Teile einfach in den Ofen legen. Ist die Form ringsherum mit Glasur bedeckt, ist das Brennen aufwendiger, weil dann spezielle Haltevorrichtungen nötig sind. Transportieren Sie die Teile erneut vorsichtig zum Brennen, damit die Glasur unterwegs nicht abplatzt. Erst nach dem erneuten Brennen ist sie fest, glänzend und zeigt ihre endgültige Farbe.

4 In der Zwischenzeit können Sie die Pilzstiele vorbereiten: Sie bestehen aus 20–30 cm langen Aststücken. Ich habe sie unten schräg geschnitten, damit ich sie leichter in die Erde stecken kann. Notfalls mit einem Hammer nachhelfen. Nach Wunsch die Äste mit ein bisschen verdünnter weißer Acrylfarbe tünchen. Oder sie nehmen gleich Birkenäste, die sehen besonders hübsch aus. Zum Schluss die Keramikhüte aufsetzen.

Das brauchen Sie

- feiner Aufbauton in Weiß
- flüssige Fertigglasuren
- Astabschnitte, z. B. vom letzten Obstbaumschnitt
- wetterfeste Acrylfarbe in Weiß
- Stück Spanplatte als Arbeitsunterlage, ca. 50 × 50 cm
- zum Verzieren: Buttermesser, alter Kugelschreiber, Schaschlikspieß u. Ä.
- dünner Draht zum Schneiden des Tons
- Schale mit Wasser
- kleiner Borstenpinsel
- feuchte Lappen
- evtl. Schwämmchen
- evtl. Hammer

Mein Tipp

Auch im Blumenkasten oder in großen Töpfen auf dem Balkon wirken die Pilze toll: entweder im Sommer, wenn sie durch die üppig blühende Pracht lugen, oder im Herbst – dann sind sie oftmals der einzige Farbtupfer, weil alles andere schon verblüht ist.

Manchmal muss man MIT DEM HAMMER NACHHELFEN, um die Pilzstiele aus Aststücken in den Boden zu bekommen.

Weitere **Keramik-Ideen**

Fisch-ANHÄNGER

Die Fische sind mit zweierlei Farben gestaltet: Zuerst habe ich eine blaugrüne Unterglasurfarbe aufgetragen, dann habe ich die Farbe mit einem feuchten Schwamm abgewischt, damit sie nur in den Vertiefungen bleibt. Das verstärkt den Reliefcharakter. Darüber kam eine Glasur in Krakel-Türkis bzw. -Blau – die bringt die Meeresfarben richtig zum Leuchten.

Winter-STERNE

Die Sternanhänger habe ich aus rotem Ton gemacht. Ich habe sie unglasiert gelassen. Nach dem Schrühbrand habe ich sie lediglich mit weißer Acrylfarbe überwischt.

Buntes KLANGSPIEL

Ein wunderschönes Klangspiel erhalten Sie, wenn Sie die Tonscheiben und -blätter etwas dicker machen und sie auf einen dünnen Draht fädeln. Die Scheiben sollten sich leicht überlappen und aneinanderschlagen können.

BLUMENTÖPFE

Einfache, geradwandige Gefäße kann man ebenfalls prima aus Ton herstellen. Schneiden Sie einen Kreis und einen langen Streifen aus einem Stück ausgerollten Ton aus. Setzen Sie den Rand auf den Kreis und achten Sie auf eine gute Verbindung der beiden Teile: Die zusammenzufügenden Bereiche sollten Sie anfeuchten, aufrauen und gut aneinanderdrücken.

Schöner **REIGEN**

Ich habe runde Scheiben und stilisierte Blätter mit Stempelmustern sowie abgeformte Salbeiblätter zu einer Girlande kombiniert. Zum Abformen der Blätter werden diese mit der Rückseite in den Ton gedrückt, sodass sich die Adern gut abzeichnen. Danach die Blätter mit einem Messer ausschneiden, die Ränder mit einem angefeuchteten Finger glätten und ihnen mit den Fingern einen leichten, natürlichen Schwung verleihen. Das Loch zum Aufhängen nicht vergessen.

BLÄTTER-Spiel

Auch eine Form des Klangspiels: Keramikblätter, mit dünnem Draht aneinandergereiht, hängen an einem Ast und bewegen sich im Wind.

STERNEN-Stecker

Für die Sternenstecker wird der Ton wie Plätzchenteig in alle Richtungen ausgerollt. Mithilfe eines Nudelholzes und zweier gleich starker Leisten links und rechts der Tonplatte wird diese gleichmäßig dick ausgewellt. Danach können Sie Sterne ausschneiden oder -stechen und mit Stempeln verzieren. Die eingeprägten Muster kommen nach dem Glasieren toll zu Geltung.

MOSAIK-Stein

Kleine Keramikscheiben können anstatt von Fliesenscherben als Mosaiksteinchen verwendet werden. Hier habe ich einfach einen Stein verziert. Nach dem Aufkleben werden die Keramikscheiben wie auf Seite 148 beschrieben verfugt.

Hier sieht man die Vorrichtung für die Stäbe bzw. Äste, die die Sterne halten. Jeder Stern bekommt auf der Rückseite eine kleine Lasche aus einem Tonstreifen, der fest mit dem Stern durch Anrauen und Anfeuchten beider Teile verbunden ist. Die Ansätze der Lasche gut verstreichen.

Ich geh' mit meiner Laterne ... – aber nur bis auf den Balkon. Wenn die Kinder im Bett sind, lassen mein Mann und ich **DEN TAG GERN AUF BALKONIEN AUSKLINGEN**.

Lichter in der **Dose**

Wenn es abends schummerig wird, gehe ich noch lange nicht ins Haus. Dann zünde ich meine Lichter an – je mehr desto besser! Die habe ich aus ganz vielen Getränkedosen selbst gemacht. Wie gut, dass mir meine Kinder beim Austrinken geholfen haben ...

1 Zuerst trennen Sie das Oberteil jeder Dose ab. Dafür die spitze Schere seitlich in die Dose einstechen und die Dose rundherum aufschneiden. Für eine schöne Schnittkante noch einmal rundherum gerade abschneiden – oder auch schräg, dann wird es noch individueller. Die Grundform ist fertig, Sie können die Dosen nun schon mit einem Teelicht im Inneren einweihen.

2 Schöner werden die Dosenwindlichter, wenn man die obere Kante mit Einschnitten verziert. Ich habe am oberen Rand gleichmäßig dünne Streifen (3–5 mm breit) eingeschnitten. Dafür die Schere „bis zum Anschlag" benutzen, dann werden die Einschnitte automatisch gleich tief. Wenn Sie mit einer großen Schere arbeiten, können Sie einen Küchengummi als Markierung um die Dose spannen, Sie schneiden dann bis zum Gummi ein.

3 Sie können die Einschnitte auch in größerem Abstand vornehmen, dann erinnert das Licht an eine Blume. Es ist gar nicht so einfach, eine Dose in zum Beispiel fünf gleich große Abschnitte einzuschneiden. Darum habe ich eine Art Abstandvorlage als Hilfe gebastelt: ein Papier, auf dem ein Kreis mit einer sternförmigen Aufteilung abgebildet ist (siehe Seite 156). Die Dose kopfüber auf den Kreis in die Mitte stellen und die Markierungen mit einem Folienstift auf die Dose übertragen. Nach dem Einschneiden der Dose die Streifen über die Scherenspitze, ein Lineal o. Ä. ziehen (wie beim Kräuseln von Geschenkbändern), so biegen sie sich wie eine Blume nach außen.

4 Besonders schön funkeln die Lichter, wenn man die Dosen mit Löchern verziert. Damit die Dose beim Durchlöchern nicht nachgibt und verbeult, sollten Sie sie mit einem Lappen oder einem alten Geschirrtuch ausstopfen. Dann mit einem spitzen Nagel Muster in die Dose piksen. Für verschieden große Löcher verschiedene Pikswerkzeuge und Motivstanzer verwenden. Danach den Lappen wieder herausziehen.

5 Möchten Sie die Dosenwindlichter nicht einfach nur auf den Tisch stellen, sondern in Blumentöpfe und Balkonkästen stecken, befestigen Sie einen Rundstab unten an der Dose. Dazu greifen Sie zu einem halbierten Korken, in den Sie an einer Seite ein passendes Loch für den Rundstab vorbohren. Das andere Ende des Korkens unten an die Dose kleben. Dafür Alleskleber und nicht die Klebepistole verwenden, da dieser Kleber durch das warme Teelicht wieder schmelzen würde. Den Rundstab fest in den Korken stecken und gerne ebenfalls mit Kleber sichern.

6 Oder genießen Sie Ihre Windlichter doch in luftiger Höhe als Laterne! Oben am Rand piksen Sie dazu jeweils zwei gegenüberliegende Löcher in die Dose und befestigen einen Draht als Aufhängung. Als nettes Detail in der Mitte des Drahts die abgerissene Dosenlasche befestigen. Daran lässt sich optimal der Laternenstab einfädeln.

Das brauchen Sie

- leere Trinkdosen
- spitze Schere
- evtl. Abstandsvorlage (siehe Seite 156)
- evtl. Lineal
- evtl. Folienstift
- evtl. Küchengummi

Für die Löcher-Variante:

- spitzer Gegenstand, wie Nagel, Schraube oder alter kleiner Motivlocher mit Sternmotiv
- alter Lappen

Für die Variante mit Stecker:

- Korken
- Rundstab, ø ca. 4 mm
- Alleskleber

Für die Laternchen:

- ca. 1 mm starker Draht
- die Abreißlasche der Dose
- Bambus- oder ähnliche Stäbe

Mein Tipp

Zum Basteln dieser Windlichter brauchen Sie viele Getränkedosen. Ich greife dabei zu Getränken ohne Kohlensäure, wie Tee oder Eiskaffee, denn deren Dosen sind pfandfrei.

Über den violetten Petunien THRONEN DIE LICHTER auf einem Stab.

Biertisch auf Frischekur

Die alte Biertischgarnitur machte wirklich einen traurigen Eindruck: die Beine verrostet, die Farbe abgeblättert. Nach meiner Frischekur strahlt sie wieder. Meine Lieblingskombination Gelb-Hellblau steht ihr richtig gut, oder?

Das brauchen Sie

- Biertischgarnitur
- evtl. Drahtbürste
- feines Schleifpapier mit Schleifklotz oder Schleifmaschine
- evtl. weiße Grundierung, zum Beispiel Haftgrund für den Außenbereich
- wetterfeste Acrylfarbe in Gelb (z. B. Patio Paint von Rayher)
- für Metallfüße und Muster: Lackspray
- Einweghandschuhe zum Halten der Schablone
- Lackierrollen
- Bootslack mit Lackierrolle
- breites Kreppklebeband
- Unterlage zum Streichen und Sprühen (z. B. alte Bettwäsche etc.)
- Schablone
- Gefrierbeutel

Mein Tipp

Da Bootslack langsam trocknet, kommt die Lackierrolle nur im Abstand von mehreren Stunden zum Einsatz. In der Zwischenzeit können Sie sie in einem Gefrierbeutel aufbewahren.

Man sieht der Biertischgarnitur gar nicht mehr an, dass sie URSPRÜNGLICH schon eine KANDIDATIN FÜR DEN SPERRMÜLL war.

1 Falls Sie eine ähnlich alte, abgeschrammte Biertischgarnitur wie ich haben, entfernen Sie erst einmal Rost und lose Farbreste mit einer Drahtbürste. Schleifen Sie alles mit dem Schleifpapier an.

2 Sprühen Sie die Metallbeine mit Lackspray in Ihrer Wunschfarbe an. Die Umgebung und die Tischplatte beziehungsweise Sitzflächen der Bänke gut vor Farbspritzern schützen.

3 Falls Sie wie ich die Holzteile gelb streichen wollen, empfiehlt es sich, vor der eigentlichen Farbe eine weiße Grundierung aufzutragen, weil nur dann das Gelb hinterher richtig leuchtet. Nachdem die Grundierung getrocknet ist, wird die Fläche leicht angeschliffen, damit die gelbe Farbe gut haftet. Bei allen anderen Farben kann auf die Grundierung verzichtet und gleich mit der gewünschten wetterfesten Acrylfarbe und der Lackierrolle losgelegt werden. Schauen Sie, ob Ihnen das Farbergebnis schon gefällt oder besser ein zweiter Anstrich nötig ist. Auch hier muss zwischen zwei Farbschichten einmal angeschliffen werden.

4 Nun können Sie schablonieren: Ich habe der Schablone mit Kreppband einen dickeren Rand verpasst, damit der Sprühnebel nicht auf die gelben Flächen geraten kann. Ich ziehe auch einen Einweghandschuh an, mit dem ich die Schablone halte. Wer will schon eine blaue Hand?

5 Zur Versiegelung kommen drei Schichten Bootslack darüber. Zwischen dem Auftragen sollten die Schichten jeweils gut trocknen können. Bevor die nächste Schicht kommt, wieder anschleifen, damit alles am Ende schön glatt ist.

Schnelle Windlichter

Diese Windlichter sind als stimmungsvolle Deko für ein Gartenfest nicht zu schlagen! Sie sind 100% wetterfest, extrem günstig (außer man kauft viele verschiedene Lacksprayfarben) und so schnell gemacht, dass man ruck zuck sehr viele davon hergestellt hat. Gerade in der Masse wirken sie besonders toll.

Das brauchen Sie

- leere Gläser, wie Marmeladen-, Einmach- oder Gurkengläser
- Lackspray auf Kunstharzbasis, Farbe nach Wunsch
- hübsche Details zum Verzieren, wie Wollreste, Paketschnur, Bänder- und Bortenreste, Tortenspitzen (am besten die rechteckigen für Biskuitrollen), Klebepunkte oder -sterne, Buchstabenaufkleber usw.
- Kreppklebeband oder wieder ablösbarer Sprühkleber
- alte Zeitungen, Pappe oder sonstige Sprühunterlage
- Schere

1 Die Gläser gut reinigen und trocknen. Dann Schnur, Borte und was Ihnen gerade so einfällt ein paar Mal um das Glas wickeln und festknoten. Die Tortenspitze passend zuschneiden und provisorisch mit Klebeband oder Sprühkleber am Glas fixieren.

2 Jetzt die Gläser draußen umgekehrt auf eine Unterlage stellen und ansprühen. Alles was jetzt durch Borten und Co. abgedeckt ist, bleibt transparent. Nach dem Trocknen der Farbe die Tortenspitze, Bänder, Aufkleber etc. wieder ablösen.

Im Dunklen kommen die **AUSGESPARTEN MUSTER** besonders gut zur Geltung.

Mein Tipp

Sehr edel sehen Gläser in verschiedenen Formen aus, die nur weiß besprüht wurden. Wer es dagegen knallig bunt und originell mag, greift zu Neonlackspray.

Weitere Ideen

BLÜTENZAUBER

Eine weitere Recyclingidee für Plastikflaschen! Dafür habe ich die Flaschen aufgeschnitten und den abgeschnittenen Teil zu Blütenblättern zurecht geschnitten. In den Deckel habe ich ein Loch für das Lämpchen gebohrt. Die Lichterkette hängt den ganzen Sommer über auf meinem Balkon.

Bunte HOLZSTANGEN

Holzstangen gibt es im Baumarkt in unterschiedlichen Längen und Dicken. Ich habe ein paar weißem Haftgrund grundiert. Nach dem Trocknen habe ich die Stangen mit Malerkreppband umwickelt und sie mit bunter Acrylfarbe eingesprüht. Nachdem man das Malerkreppband angezogen hat, erscheinen die weißen Ringelstreifen.

HOLZSCHEIBEN-TÜRME

Die Laternen spenden uns an lauen Sommerabenden ein schönes Licht. Auf den selbstgestapelten Türmchen werden sie sogar noch richtig in Szene gesetzt. Die Baumscheiben habe ich mit Farbe bemalt und aufeinander gestapelt. Obendrauf kommt einfach die Laterne. Wird der Turm nicht mehr gebraucht, können die Scheiben schnell wieder verschwinden.

Bemalte **STEINE**

Bei jedem Urlaub, den wir an einem See oder einem Fluss verbringen, bringe ich ein paar Steine mit. Ich kann einfach nicht anders! Natürlich kann ich sie nicht so grau belassen. Mit meinen Stempeln verziere ich sie und mache sie so zu richtigen Deko-Objekten.

GIRLANDEN-Parade

Girlanden können aus den verschiedensten Materialien gefertigt werden. Für die Wimpel-Girlanden habe ich Stoffreste und Plastiktüten zerschnitten. Die Girlande mit den Kreisen besteht aus aufgeschnittenen Plastikflaschen und Flaschenverschlüssen. Am schönsten finde ich allerdings die Feder-Girlande. Hier habe ich verschiedene Federn mit Acrylfarbe und Folienstiften auf Moosgummi aufgemalt, ausgeschnitten und mit einem Bürotacker an einem Band befestigt.

Weitere Ideen

Sandkasten-FREUDEN

Es ist nun schon Jahre her, dass ich für meinen Sohn Tim einen Sandkasten gebaut habe. Die bunten Punkte durften natürlich als mein Markenzeichen nicht fehlen. Aber mit den Kindern wachsen auch die Anforderungen an einen ordentlichen Spielplatz! Heute nimmt der Sandkasten schon wesentlich mehr Platz ein.

KANINCHEN-Gehege

Unsere Kaninchen haben es im Sommer richtig gut bei uns. Der kleine, mit Bambus bewachsene Hügel ist ihr Reich. Inzwischen haben sie schon ein richtiges Höhlensystem gegraben. Damit mir aber kein Kaninchen abhanden kommt, habe ich aus Latten und Hasendraht einen flexiblen Zaun gebaut. Natürlich darf auch hier die Farbe nicht fehlen. Das helle Blau passt gut zu dem Grün der Bambusstangen.

SOMMERwindlichter

Nach einer Party hatte ich etliches Plastikbesteck übrig. Da bei mir selten etwas im Müll landet, bevor es nicht auf seine Verbastelbarkeit hin überprüft wurde, sind natürlich auch diese bunten Eislöffelchen und Gabeln erstmal in meiner Materialkiste gelandet. Mit Heißkleber habe ich das Besteck um eine kleine Glasschale geklebt. Zum Schluss noch ein Teelicht in die Glasschale gestellt und schon ist ein buntes Sommerwindlicht fertig!

Verzierte BLUMENTÖPFE

Terracotta-Blumentöpfe kann man relativ günstig in jedem Gartencenter erwerben. Ich verarbeite auf ihnen gerne die Reste von meinen großen Mosaikarbeiten. Die Steine klebe ich mit Silikon auf. Manchmal muss man für ein buntes Ergebnis die Steine noch nicht einmal verfugen. Diese Töpfe, bepflanzt mit einer farbenfrohen Blume, sind auch begehrte Geschenke in meinem Freundeskreis.

Fußmatte mit BLÜTEN

Vor unserem Haus wird jeder Gast mit diesem blühenden Fußabtreter willkommen geheißen. Die Sisalmatte habe ich aus dem Baumarkt. Mit Schablonen und Acrylfarbe habe ich die Blüten auf die Matte gezaubert. Es gibt auch Spezialfarbe für Fußmatten. Diese Farbe wird mit dem Fön getrocknet und fixiert. Danach ist sie wasserfest und hält auch einiges aus.

VOGELhäuschen

In meinem Kirschbaum hängt seit diesem Frühjahr ein kunterbuntes Vogelhäuschen. Jetzt warte ich nur darauf, dass eine kleine Vogelfamilie ihr neues Zuhause bezieht. Den Rohling habe ich fertig gekauft und dann mit Acrylfarbe bemalt. Bei der Gestaltung habe ich mich von den schwedischen Holzhäuschen inspirieren lassen – eine kleine Reise nach Bullerbü und zurück.

Beton & Mosaik für draußen

WER MICH UND MEIN ZUHAUSE KENNT, der weiß, dass ich Mosaik liebe. Meine Hauswand habe ich schon damit verziert. Aber auch Trittsteine, Mosaik-Pilze, Flussläufe und sogar einen ganzen Pool habe ich in meinem Garten mit den kleinen bunten Steinchen verziert. Dabei lassen sich nicht nur die handelsüblichen Steinchen verarbeiten, sondern auch andere Fundstücke oder selbst hergestellte Keramiksteine – nur frostsicher müssen sie sein! Doch neben dem Mosaik-Fieber hat mich inzwischen auch das Beton-Fieber erwischt. Aus Zement, Sand und Wasser lassen sich tolle Sachen machen. Lassen Sie sich nicht von dem Material abschrecken! Es macht riesig Spaß und es ist einfacher herzustellen, als Sie vielleicht denken!

Rühraufsatz!
SAND
ZEMENTPULVER
WASSER
Mosaik
• Fliesenscheiben
• Kieselsteine
• Glasnuggets
• Muscheln …
Beton
Flexkleber

ZUM „BEGRÜNEN" DER GUGELHUPFFORMEN stellen Sie einfach einen kleinen Blumentopf in das Loch der Form. Oder Sie verkeilen eine Tonscherbe im Loch, füllen direkt Erde hinein und pflanzen das Gewächs ein.

Blumentöpfe aus Beton

Beton ist ein wunderbarer Werkstoff mit dem sich nicht nur der Keller ausgießen oder Zaunpfähle verankern lassen. Blanker Beton kann sehr edel wirken, für mich persönlich manchmal auch trist. Kombinieren Sie den Beton aber mit frischen, kräftigen Farben und nutzen ihn für originelle Dekoobjekte, ist er ein vielseitiges Material.

1 Bevor sie den Beton anmischen, stellen Sie sich alle Materialien, die Sie brauchen, bereit, damit Sie den Beton später schnell verarbeiten können. Dann rühren Sie den Beton an: Geben Sie ein Teil Zementpulver und zwei Teile Sand in etwas Wasser und fügen Sie nach und nach so viel Wasser hinzu, dass eine joghurtartige Konsistenz entsteht. Normalerweise fügt man beim Betonieren mehr Sand hinzu und rührt den Beton dickflüssiger an, aber ich habe für das Gießen mit diesem Mischungsverhältnis die besten Erfahrungen gemacht.

2 Pinseln Sie die Formen, die Sie ausgießen wollen, innen mit Salatöl ein. Das Öl fungiert als Trennmittel, so ähnlich wie beim Backen. So lässt sich der Beton später wieder gut aus der Form herauslösen. Bei größeren Betonarbeiten können Sie auch spezielle Beton-Trennmittel kanisterweise im Baumarkt kaufen. Füllen Sie die Formen mit einer alten Schöpfkelle o. Ä. mit Beton aus. Um eingeschlossene Luftblasen zu vermeiden, klopfen Sie die Formen leicht auf den Boden und gegen die Wände der Gießform.

3 Jetzt nicht zu ungeduldig werden, sondern den Beton mindesten 24 Stunden trocknen lassen. Die genaue Zeit richtet sich nach der Temperatur und Luftfeuchtigkeit der Umgebung. Erst dann können Sie ihn vorsichtig aus den Formen herauslösen. Vorsicht, dass dabei nichts abbricht. Da der Beton dann noch nicht völlig ausgehärtet ist, kann man kleine Unebenheiten an den Rändern und an der Oberfläche noch wunderbar mit einem Metallschwämmchen glatt bürsten. Seine endgültige Stabilität hat der Beton erst nach zwei Wochen erreicht.

4 Nun können Sie die Formen bemalen. Um die Struktur von gegossenen Gugelhupfs, Muscheln usw. zu betonen, nehmen Sie ganz wenig Farbe auf den Pinsel und streichen leicht über das Relief, damit der Beton in den Zwischenräumen noch durchscheint. Sie können die Formen natürlich auch vollflächig bemalen.

Mein Tipp

Je elastischer eine Plastikform ist, desto besser eignet sie sich für das Ausgießen mit Beton. Das können Plastikschüsseln, -übertöpfe oder Gugelhupfformen aus Silikon sein (keine Angst, man kann sie später gründlich waschen und wieder mit in die Küche nehmen), aber auch Gips-Gießformen aus dem Bastelbedarf.

Das brauchen Sie

- Sack Zement, z. B. Trasszement
- Sand, z. B. aus dem Sandkasten
- Wasser
- Bau-Eimer oder Betonkübel zum Anmischen
- Betonmischer oder starke Bohrmaschine mit Rühraufsatz, bei kleineren Mengen geht auch ein alter Kochlöffel und die eigene Muskelkraft
- Formen zum Ausgießen aus Plastik oder Silikon, wie Gugelhupfformen aus Silikon oder Gießformen aus dem Bastelbedarf, die eigentlich für das Ausgießen mit Gips gedacht sind, auch Sandkastenförmchen eigenen sich
- Salatöl
- evtl. Metallschwamm (Topfreiniger aus der Küche)
- wetterfeste Acrylfarbe in Gold und Farben nach Wunsch
- Pinsel

Der weiße **„ZUCKERGUSS“** besteht aus dicker, unverdünnter Acrylfarbe, die direkt aus dem Fläschchen aufgetropft wurde, die **„ZUCKERSTREUSEL“** sind Steinchen und grober Kies.

Das ist die einfachste Form meines **GUGELHUPF-SCHIRMSTÄNDERS.**

Sonnenschirmständer

Ein Bekannter von mir meinte einmal im Scherz, ich solle ihm einen Sonnenschirmständer bauen. Ich, natürlich um keine Antwort verlegen, habe ihn gefragt, was für einen er denn gern hätte. „Pink!", hat er gesagt – immer noch scherzhaft. Aber bei Betonbasteleien verstehe ich keinen Spaß. Nun hat der gute Mann, was er wollte.

1 Zuerst wird der Beton angerührt wie auf Seite 149 erläutert.

2 Gießen Sie die Masse in die Gugelhupfform. Achtung, die Form muss so groß sein, dass ein Metallrohr, in welches der Stiel des Schirmes gesteckt werden kann, in das Loch der Form passt. Den Beton etwa 48 Stunden trocknen und hart werden lassen, danach den Beton-Gugelhupf herausnehmen. Nun ist der schlichte Schirmständer, nach Beispiel meines weißen Gugelhupfes, fertig. Nach Wunsch können Sie ihn auch farbig gestalten (siehe auch Seite 63).

3 Für meinen rosa Schirmständer müssen Sie noch einen weiteren Schritt machen: Nehmen Sie einen leeren Betonkübel mit einem Durchmesser von etwa 45 cm, bepinseln ihn mit Öl und gießen diesen ca. 6 cm hoch mit Beton aus. In die noch flüssige Masse legen Sie um das Zentrum herum die drei Steine oder Klötzchen. Das Rohr stecken Sie genau mittig hinein und setzen den fertig ausgehärteten Beton-Gugelhupf gleich auf. Durch die eingelegten Steine versinkt er nicht im flüssigen Beton. Durch das Aushärten der Masse im Kübel verbindet sich der Gugelhupf mit der Bodenplatte des Schirmständers.

4 Den Rand der Platte können Sie mit flachen Kieselsteinen oder anderen kleinen Natursteinen nach Wunsch schmücken, sie werden in den Beton eingelegt.

5 Nach dem völligen Trocknen und Aushärten streichen Sie den Schirmständer komplett mit Acrylfarbe. Wenn Sie mögen, können Sie sie mit Wasser verdünnen, dann wird der Farbton nicht so kräftig. Damit die eingelegten Steine schön zur Geltung kommen, habe ich die Farbe von ihnen mit einem Lappen gleich wieder heruntergewischt.

6 Für den „Zuckerguss" drücken Sie weiße Acrylfarbe direkt aus dem Fläschchen auf den Gugelhupf, sodass sie dickflüssig herunterläuft.

Mein Tipp

Silikonformen sind so weich, dass das Gewicht des flüssigen Betons das Loch der Gugelhupfform verformen oder eindrücken kann. Wenn Sie ein genau passendes Rohr provisorisch durch das Loch der Form stecken, verhindern Sie das.

Das brauchen Sie

- Sack Zement, zum Beispiel Trasszement
- Sand
- Wasser
- Bau-Eimer oder Betonkübel zum Anmischen
- starke Bohrmaschine mit Rühraufsatz
- große Gugelhupfform aus Silikon
- Metallrohr, ca. ø 3 cm, 40 cm lang (aus der Sanitärabteilung des Baumarktes), die genaue Größe auf den jeweiligen Sonnenschirm abstimmen
- Salatöl
- Pinsel
- evtl. Metallschwamm (Topfreiniger aus der Küche)
- evtl. Lappen

Zusätzlich für den pinken Schirmständer:

- Betonkübel, ø 45 cm, als Form
- 3 viereckige Steine, Holzklötzchen o. Ä., 5 cm hoch, als Abstandshalter
- flache Kieselsteine zur Verzierung
- wetterfeste Acrylfarbe in Pink und Weiß

Die Kiesel schmücken ungemein, finde ich. Ich hatte die Farbe von ihnen abgewischt, damit der **KONTRAST ZUM ROSA** gut herauskommt.

ORNAMENTSCHABLONEN hinterlassen **SCHÖNE MUSTER** auf den Steinen, durch **FARBE** kommen sie noch mehr zur Geltung.

Auf **Schritt** und **Tritt**

Platte für Platte – ich habe auf diese Art und Weise schon ganze Terrassen- und Wegebeläge hergestellt. Zementsäcke schleppen, die rotierende Bohrmaschine mit dem Rühraufsatz in den Betonkübel halten, Formen ausgießen wie am Fließband ... und am Ende hat man nicht nur einen schönen Boden, sondern auch gestählte Oberarmmuskeln.

1 Rühren Sie sich Beton laut Anleitung auf Seite 149 an. Brauchen Sie große Mengen, empfiehlt sich ein Betonmischer. Für kleinere Mengen reicht ein Rühraufsatz für die Bohrmaschine. Füllen Sie den Beton 4–5 cm hoch in die Formen. Zuvor das Einpinseln mit Salatöl oder einer professionellen Trennflüssigkeit nicht vergessen, damit sich die Platten später leicht aus den Formen lösen lassen.

2 Legen Sie Steinchen, Scherben und was Ihnen sonst noch an Dekorationen einfällt in den flüssigen Beton. Stupfen Sie sie mit den Fingern leicht hinein, bis sie gut vom Beton umschlossen sind und mit der Betonoberkante abschließen. Keine Sorge, sie sinken nicht ein. Kieselsteine stecke ich immer hochkant hinein, so haben sie am meisten Halt und können später nicht herausbrechen. Ganz schmale Mosaikscherben jedoch bieten dem Beton kaum Angriffsfläche, um sie dauerhaft einzubetten. In diesem Fall würde ich lieber neutrale Steine ohne Verzierungen gießen und sie dann in einem zweiten Schritt mit richtigem Mosaik verschönern (siehe Seite 148).

3 Wenn Sie nur Ornamente im Beton haben möchten, drücken Sie gekaufte Ornamentschablonen oder andere flache Gegenstände aus flexiblem Plastik, wie Silikon oder Moosgummi, in den noch weichen Beton. Tischsets oder Spühlunterlagen können hier zweckentfremdet werden. Wichtig ist, dass auch diese Gegenstände vorher eingeölt werden müssen. Die Ornamentformen leicht in den Beton drücken. Nach etwa 24 Stunden können Sie die Schablonen wieder entfernen und den Betonstein aus der Schalungsform stürzen. Kleine Unebenheiten auf der Oberfläche oder am Rand können jetzt noch sehr gut mit einem Metallspühlschwämmchen abgeschliffen werden. Erst nach etwa zwei Wochen ist der Beton komplett ausgehärtet und voll belastbar. So lange sollten Sie auch mit dem Lasieren oder Bemalen warten.

4 Möchten Sie Ihre Trittplatten farbig gestalten, können Sie mit einem Pinsel entweder vollflächig eine Acrylfarblasur aufbringen oder nur Details farbig absetzen. Es gibt auch extra Betonfarben zu kaufen, die lohnen sich aber nur bei großflächigen Bemalungen.

5 Die fertigen Betonplatten können zum Schutz noch versiegelt werden. Dafür gibt es Spezialversiegelungen für Beton im Fachhandel. Wer nur einige einzelne Dekoplatten macht, kann wetterfesten Klarlack auf Wasserbasis etwas verdünnen und die Platten damit bepinseln.

Das brauchen Sie

- Sack Zement, z. B. Trasszement
- Sand
- Wasser
- Bau-Eimer oder Betonkübel
- starke Bohrmaschine mit Rühraufsatz oder Betonmischer
- verschiedene Formen, wie runde Plastikuntersetzer von Blumentöpfen, Sandkastenförmchen, Baukübel oder fertige Gießformen für Betonplatten (aus dem Internet)
- Salatöl oder Trennflüssigkeit (aus dem Baumarkt oder Baustoffhandel)
- zum Verzieren: Scherben von frostsicheren Keramikfliesen, Kieselsteine in verschiedenen Größen und Farben, alte Teller, Glassteine usw., evtl. Ornamentschablonen (aus dem Bastelbedarf) und andere Gegenstände, die sich zum Übertragen eines Musters oder einer Struktur eignen
- evtl. Metallschwamm (Topfreiniger aus der Küche)
- wetterfeste Acrylfarbe, Betonfarbe oder -lasur
- evtl. wetterfester Klarlack auf Wasserbasis oder Spezialversiegelung für Beton (aus dem Fachhandel)
- Pinsel

Mein Tipp

Als Gießformen eignen sich Blumentopfuntersetzer aus Plastik sehr gut, da das Material flexibel ist und sich der erhärtete Beton gut herauslösen lässt. Je öfter man die Plastikformen benutzt, desto leichter lassen sich die Abgüsse herausnehmen.

Ich gieße gern BESONDERE TELLER ein. Selbst wenn sie zerbrochen sind, kann man die Scherben in der ursprünglichen Anordnung im Beton einlassen.

Mein **KUNTERBUNTER TERRASSENTRAUM:** Runde, eckige, kleine, große Platten vereinen sich zu einem Gesamtkunstwerk.

Terrasse im **Patchwork**muster

Patchwork, das trifft es doch am besten! Wie beim Patchworken mit Stoffen habe ich hier die schönsten Farben, Formen und Muster aus meiner Sammlung selbst gemachter Betonplatten herausgesucht und zu etwas Eigenständigem zusammengesetzt. Die selbst gegossenen Gugelhupf-Schirmständer von Seite 65 habe ich übrigens direkt im Pflaster integriert, so ist stets alles für den Sonnenschirm bereit.

1 Zuerst bauen Sie sich einen Rahmen und errichten ein Mäuerchen (siehe Seite 71). Dann schaffen Sie einen festen Untergrund für die Terrasse und beginnen damit die Terrasensteine (siehe Seite 67) einzubetonieren. Dafür rühren Sie Beton an (siehe Seite 149) und füllen Sie ihn in einen Bau-Eimer. Dann geben Sie einen ca. 4 cm dicken Klecks Beton auf den verdichteten Untergrund und drücken die ersten selbst gemachten Betonsteine hinein. Ich verteile den Beton mit meinen mit Handschuhen geschützten Händen. Sie können aber auch eine Maurerkelle oder Ähnliches zu Hilfe nehmen.

2 Wenn Sie unterschiedlich hohe Steine verwenden, vergewissern Sie sich, dass sie mit der Oberkante auf gleicher Höhe liegen, damit man später nicht stolpert. Mit einer langen geraden Latte lässt sich das gut überprüft, auch, ob das Gefälle noch besteht.

3 Wenn der Beton angezogen hat, füllen Sie die Zwischenräume der Steine ebenfalls mit Beton aus. Streichen Sie ihn mit einem nassen Schwamm glatt. Wischen Sie die Steine mit dem Schwamm sauber und befreien Sie sie von Betonresten. Arbeiten Sie sich voran, bis die gesamte Fläche im Patchworkmuster erstrahlt. Anschließend alles für mehrere Stunden trocknen lassen.

Das brauchen Sie

- fester oder verdichteter Untergrund mit leichtem Gefälle vom Haus weg
- Splitt
- viele verschiedene, selbst gemachte Betonplatten, z. B. wie auf Seite 67 beschrieben
- Betonmischer (kann man sich auch ausleihen, ich habe meinen sehr günstig gebraucht erstanden)
- Zementpulver
- Sand (größere Mengen beim Kieswerk bestellen)
- Wasser
- mehrere Bau-Eimer
- großer Schwamm
- lange Latte
- Packung Einweghandschuhe

So sieht meine **PATCHWORKTERRASSE** von oben aus! Ich habe übrigens ganz normales Zementpulver verwendet, teure Sonderprodukte brauche ich dafür nicht.

Meine Terrasse umgibt ein **KLEINES, IM GLEICHEN PRINZIP GESTALTETES MÄUERCHEN**. Hier habe ich leere Blumentöpfe und die Beton-Gugelhupfe integriert.

1 Zuerst habe ich habe ich den Bereich, an dem ich die Terrasse entstehen lassen wollte, gesäubert und mit Brettern in der richtigen Höhe abgesteckt.

2 Als zweiten Schritt habe ich das Mäuerchen errichtet. Darin habe ich Blumentöpfe, Beton-Gugelhupfe und Steine eingearbeitet.

3 Nachdem das Mäuerchen ausgehärtet war, habe ich die Terrasse mit Kies aufgeschüttet. Anschließend habe ich die Betonplatten und Steine darauf arrangiert, damit ich mir ein Bild machen konnte, wie das Endergebnis aussehen wird.

4 Dann wird der Beton auf den verdichteten Untergrund gestrichen ...

5 ... und darauf der Stein platziert. Drücken Sie den Stein gut in den Beton ein. Die Latte hilft Ihnen dabei, die Steine eben zu platzieren.

6 Den Beton auch in die Zwischenräume füllen. Ich mache das am liebsten mit meinen Händen, das geht meistens schneller und einfacher als mit einer Kelle. Bei der Arbeit mit Beton Sie sollten aber auf jeden Fall Einweghandschuhe tragen.

7 Den Beton mit einem nassen Schwamm glatt streichen. Die Steinplatten selbst ebenfalls mit einem nassen Schwamm abwischen und von Betonresten säubern.

8 Arbeiten Sie sich Stück vor Stück voran. Haben Sie die gesamte Fläche gefüllt, sollten Sie die Terrasse für mehrere Stunden, am besten über Nacht, trocknen lassen.

STREIFI IST EINE KATZE MIT STIL, ihr eigentlich angedachter Wassernapf war ihr wohl zu langweilig. Vielleicht muss ich dem auch mal eine Frischekur verpassen.

Wasserschalen

Eigentlich waren diese Gefäße als Vogeltränke gedacht, aber seitdem unsere Katze Streifi sie als Wassernapf entdeckt hat, haben wir keine durstigen Federknäule mehr gesehen. Nun gut, dann nutze ich die Schalen als Deko und lasse Blüten in ihnen schwimmen. Die kann Streifi bei Bedarf einfach zur Seite schieben.

1 Benetzen Sie die größere Schale von innen, die kleinere Schale von außen (!) mit Öl.

2 Mischen Sie den Beton wie auf Seite 149 beschrieben an und füllen Sie die größere Schüssel zu etwa zwei Dritteln damit. Stellen Sie die kleinere hinein und befüllen Sie sie mit Steinen oder anderen schweren Materialien. Jetzt verdrängt die kleine Schüssel den Beton, der an den Seiten zwischen beiden Schüsseln emporsteigt. Eventuell müssen Sie noch Beton nachfüllen, damit die Seitenwände hoch genug werden. Die spätere Schalenform ist jetzt schon erkennbar.

3 Nach dem Aushärten entfernen Sie die Schüsseln und streichen die Betonschale innen zweimal unverdünnt mit Acrylfarbe. Zwischen den Anstrichen gut trocknen lassen. Der zweimalige Anstrich macht das Gefäß erst einmal wasserdicht, aber der ständige Wasserkontakt setzt der Schale zu. Daher sollten Sie jedes Jahr die Acrylfarbe auffrischen oder das Gefäß später, wenn es undicht geworden ist, z. B. als Windlicht verwenden.

Das brauchen Sie

- Zementpulver, z. B. Trasszement
- Sand
- Wasser
- Bau-Eimer
- starke Bohrmaschine mit Rühraufsatz oder Kochlöffel
- 2 Plastikschüsseln gleicher Form, in zwei unterschiedlichen Größen
- Salatöl
- Steine, Kies o. Ä. zum Beschweren
- wetterfeste Acrylfarbe
- Pinsel

Blüten und schwimmende Kerzen machen die Schalen zu einem **WUNDERSCHÖNEN DEKOOBJEKT** für die Terrasse oder den Balkon.

Im Dunklen sieht man, wie **KRÄFTIG DIE FARBEN LEUCHTEN**. Der zweimalige Farbauftrag lohnt sich!

Beton-Windlichter

Gegenstände aus Beton gießen macht Spaß. Sicher, es ist nicht mal eben in fünf Minuten gemacht. Aber dafür hält das kreative Ergebnis jahrelang. Mein Tipp: Wenn ich Betonobjekte mache, dann gleich mehrere. Man erzielt damit auch eine größere Wirkung: Ein Windlicht ist schön, 20 Windlichter sind phänomenal. Kaufen Sie deshalb nach Möglichkeit mehrere gleiche Formen, damit sie nicht immer warten müssen bis ein Objekt fest genug ist, um aus der Form gelöst zu werden.

1 Die Zacken machen das Windlicht zu etwas ganz Besonderem. Die Grundlage bilden billige Blumentöpfe aus Plastik – das Besondere ist lediglich, dass sie einen gezackten Rand haben. Sehen Sie sich im Internet um, hier gibt es eine große Auswahl an ungewöhnlichen Plastikgefäßen. Diese werden dann mit selbst angerührtem Beton ausgegossen (siehe Seite 149). Bepinseln Sie alle Flächen, die mit dem Beton in Berührung kommen, mit Öl, damit sich das Windlicht später aus der Form lösen lässt. Sie brauchen eine große Außenform und eine kleinere Innenform. Füllen Sie die Außenform zu etwa zwei Dritteln mit Beton und stellen die kleinere, mit Kies oder Steinen befüllte Form hinein. Auf diese Weise entsteht die Topfform.

2 Nach dem Festwerden des Betons kann das Windlicht herausgenommen werden. Damit die Lichter innen so schön farbintensiv leuchten, streichen Sie die Innenseiten zweimal mit unverdünnter Acrylfarbe. Gold, Silber oder Bronze strahlen im Schein der Teelichter besonders schön.

Mein Tipp

Beton hat übrigens erst nach zwei Wochen seine endgültige Stabilität erreicht. Also nicht zu ungeduldig sein und Vorsicht, dass beim Herauslösen nichts abbricht. Da der Beton am nächsten Tag also noch nicht völlig ausgehärtet ist, kann man kleine Unebenheiten an den Rändern und an der Oberfläche noch wunderbar mit einem Stahlschwämmchen glatt bürsten.

Das brauchen Sie

- Zementpulver, z. B. Trasszement
- Sand
- Wasser
- Eimer zum Anmischen
- starke Bohrmaschine mit Rühraufsatz oder alter Kochlöffel
- mindestens 2 Zickzack-Übertöpfe aus Plastik, ø 14 cm und 11 cm
- Kies oder Steine zum Beschweren der Form
- Salatöl
- wetterfeste Acrylfarbe in verschiedenen Farbtönen
- Pinsel

Meine Kellertreppe sieht ein bisschen wie ein AMPHITHEATER aus. Ich habe Windlichter für alle Stufen gegossen. Nie war es schöner, in den Keller gehen zu müssen.

Der Kieselsteinboden und die Treppe sehen so aus, als würden sie dem Haus SCHON 150 JAHRE GESELLSCHAFT LEISTEN. Beides habe ich jedoch selbst gebaut.

Mit **Kieselsteinen** gepflastert

Flächen, die mit großen unregelmäßigen Pflastersteinen gepflastert sind, erinnern mich immer an nostalgische Altstädte, Dorfplätze oder alte Gehöfte. Hier ist nichts genormt oder in Reih und Glied verlegt – und das mag ich daran. Als ich überlegt hatte, wie ich meinen Absatz vor der Kellertür gestalten sollte, wollte ich einmal kein Mosaik machen, sondern etwas für mich Neues ausprobieren: das Pflastern mit großen Brocken.

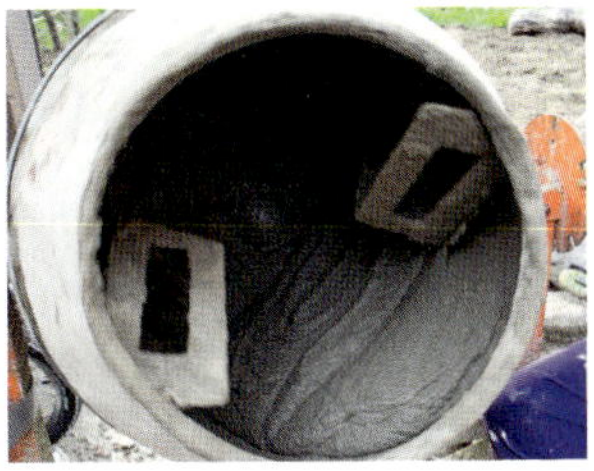

1 Sie sollten einen vorbereiteten Untergrund haben, zum Beispiel einen alten Betonboden, dann ist das nötige Gefälle der Fläche für den Regenablauf schon vorhanden. Beachten Sie aber, dass wir mit den Kieselsteinen noch „einen draufsetzen“, die gesamte Fläche wird also höher. Schauen Sie, ob das eventuell Auswirkungen auf Türen oder anschließende Wege haben könnte.

2 Rühren Sie im Betonmischer Beton wie auf Seite 149 erklärt, an. Füllen Sie ihn in einen Mörteleimer und stellen Sie ihn zusammen mit einem großen Kübel Wasser auf der Baustelle bereit. Geben Sie ca. 4 cm dick Beton auf einen Bereich, den Sie gut in kurzer Zeit bearbeiten können. Ich mache das mit den Händen, die in Einweghandschuhen stecken. Sie können aber auch Maurerkellen oder ähnliche Gerätschaften nehmen.

3 Nun drücken Sie die Steine in den Beton. Bemühen Sie sich, dass die Steine am Ende auf gleicher Höhe liegen. Mit einem nassen Schwamm, den Sie immer wieder im Wasserkübel nass machen, tupfen Sie den Beton glatt, sodass er die Steine weich umfließt und sie richtig gut eingebettet sind. Auch die Steine sollten Sie mit dem Schwamm abwischen, damit der Betonschleier entfernt wird. So arbeiten Sie sich weiter voran, bis die gesamte Fläche mit Kieselsteinen belegt ist. Mehrere Tage trocknen lassen.

Das brauchen Sie

- fester Untergrund, z. B. alter Betonboden oder, wenn die Fläche neu angelegt werden soll, eine fest gerüttelte 10 cm hohe Splittschicht, inkl. Gefälle
- große runde Kieselsteine, wenn möglich flach, ø 5–10 cm (aus dem Kieswerk)
- Zementpulver
- Sand (größere Mengen beim Kieswerk bestellen)
- Wasser
- mehrere Bau-Eimer oder Betonkübel
- Betonmischer (kann man sich ausleihen oder günstig gebraucht kaufen)
- großer Schwamm
- Packung Einweghandschuhe

So sah der Platz vor dem Keller **VORHER** aus ...

... und hier das Foto der Situation **NACHHER** – oder sagen wir fast nachher, ein paar Steine habe ich noch vor mir.

Weil der Beton auf die Rückseite der Blätter aufgetragen wurde, haben sich die **ADERN DER BLÄTTER** tief eingeprägt.

Blätterschalen aus Beton

Bei einer Freundin habe ich tolle Blätter im Garten entdeckt. Besonders die Nervatur hatte es mir angetan. Und da ich schöne Strukturen gerne in Ton oder Beton abforme, habe ich aus Funkien, Rhabarber und Co. Schalen gemacht, die niemand sonst hat.

Das brauchen Sie

- Zementpulver, z. B. Trasszement
- Sand
- Wasser
- Bau-Eimer
- starke Bohrmaschine mit Rühraufsatz oder alter Kochlöffel
- große Blätter, z. B. von Rhabarber, Kürbis, Funkien, Bergenien
- wetterfeste Acrylfarbe
- Pinsel
- Einweghandschuhe

1 Rühren Sie Beton an (siehe Seite 149). Er sollte etwas dickflüssiger sein, dafür nehmen Sie einfach weniger Wasser.

2 Legen Sie die Blätter mit der Rückseite nach oben auf einen Sandhaufen. Sie können den Sand zu einem kleinen Hügel zurechtschaufeln, sodass das Blatt leicht gewölbt wird. Dann entsteht hinterher eine Schalenform. Streichen Sie einen Batzen Beton auf die Blattrückseite.

3 Nach etwa 24 Stunden, wenn der Beton schon recht fest, aber noch nicht komplett ausgehärtet ist, können Sie die Schale abnehmen und eventuelle Grate glatt reiben.

4 Noch etwas trocknen lassen und dann nach Wunsch mit wetterfester Acrylfarbe streichen.

Mein Tipp

Falls es während der Trocknungszeit regnet, stülpen Sie einen Müllsack über Ihre Kreationen und beschweren Sie die Ränder. Bei hoher Luftfeuchtigkeit verlängert sich die Aushärtezeit.

Jedes Blatt anders: Bei den Blättern habe ich mich mit meinen **ACRYLFARBEN** richtig ausgetobt.

Wie ein türkisfarbener Bach transportiert die **MOSAIKRINNE** das Regenwasser vom Haus weg. Ich habe auch einige Muscheln eingearbeitet.

Mosaik-Flusslauf

Ja, ich habe einen kleinen Mosaik-Spleen. Ich schmücke alles mit den bunten Steinchen, sogar auf der Fassade unseres Hauses ranken Mosaik-Blumen. Seit unserem Einzug vor gut 10 Jahren kamen immer mehr Mosaike hinzu. Angefangen hat alles beim Bad. Mittlerweile ist Mosaik zu so etwas wie meinem Markenzeichen geworden. Ich mache auch vor der Abflussrinne für das Regenwasser nicht Halt.

1 Ich habe eine Betonrinne selbst gemacht, indem ich mithilfe eines runden Untersetzers den weichen Beton ebenmäßig abgezogen habe. Diese Rinne transportiert jetzt das Regenwasser der Dachrinne weg vom Haus. Sie können aber auch eine andere betonierte Rinne als Grundlage nehmen. Die verwendeten Fliesen müssen unbedingt frostfest und für draußen geeignet sein, zerschlagen Sie sie zwischen zwei Baumfolien-Stücke, damit Ihnen kein Splitter in die Augen springt.

2 Rühren Sie den Flexkleber nach Packungsanweisung an, lassen ihn 5 Minuten ziehen und rühren anschließend noch einmal durch. Dadurch wird er cremig und lässt sich leichter verarbeiten. Tragen Sie in einem Bereich der Rinne, den man in 15–30 Minuten bearbeiten kann, Flexkleber mit der Kelle glatt auf und ziehen ihn mit dem Zahnspachtel ab. Geben Sie mit einem alten Buttermesser auch Flexkleber auf jede einzelne Scherbe, die Sie einsetzen möchten. So vermeiden Sie Lufteinschlüsse unter den Scherben. Denn die Rinne muss robust sein, da in ihr Wasser fließt und sie auch den Winter draußen überstehen muss. Ein leicht schräges Hereinschieben der Mosaikstücke in den Kleber verhindert ebenfalls Lufteinschlüsse. So arbeiten Sie sich Scherbe für Scherbe voran. Lassen Sie anschließend alles komplett durchtrocknen. Das dauert mindestens einen Tag, die genaue Trocknungszeit steht auf der Packung des Flexklebers.

3 Ist der Kleber getrocknet, geht es ans Verfugen: Rühren Sie den Flexfugenmörtel mit der Bohrmaschine mit Rühraufsatz nach Packungsanweisung an, lassen ihn wie den Kleber 5 Minuten ziehen, bis Sie ihn erneut durchrühren. Tragen Sie den Fugenmörtel anschließend auf das Mosaik auf und verteilen ihn in den Fugen. Ich mache das gern mit meinen Händen (natürlich mit Handschuhen), Sie können aber auch mit einem großen Schwamm oder Gummispachtel verfugen. Wichtig ist, dass Sie die Fugenmasse in alle Richtungen streichen und zum Schluss mit einem Gummispachtel abziehen. So bekommen alle Fugen etwas ab und nichts quillt hinaus. Wenn der Fugenmörtel angezogen hat, wischen Sie mit einem feuchten Schwämmchen überschüssigen Mörtel ab. Lassen Sie das Mosaik trocknen. Zum Schluss wischen Sie noch einmal mit einem trockenen Lappen nach.

Mein Tipp

Hohle Formen wie Muscheln sollten Sie dick mit Kleber bestreichen, damit keine Hohlräume entstehen, die später zu einem Abplatzen der Teile führen könnten.

Das brauchen Sie

- Betonrinne (bei mir ist es der Regenwasserablauf)
- frostsichere Fliesen
- weitere Materialien, wie flache Kieselsteine, Muscheln, Glassteine u. Ä.
- Naturstein-Flexkleber für draußen
- Flexfugenmörtel für draußen (für Schmal- und Breitfugen) in Hellgrau
- Bau-Eimer
- Bohrmaschine mit Rühraufsatz (immer noch mal durchrühren)
- Wasser
- Kelle
- Zahnspachtel
- Gummispachtel
- altes Buttermesser
- Schwamm
- Lappen
- Einweghandschuhe

Manchmal möchte ich die Scherben zählen, die ich da Stück für Stück eingesetzt habe. Aber die Anzahl ist eigentlich egal. Wichtig ist nur, wie herrlich meditativ die Arbeit war und WIE SCHÖN DAS ERGEBNIS IST.

Wasser hat auf die meisten Menschen eine **MAGISCHE ANZIEHUNGSKRAFT**, ich bin da keine Ausnahme.

Bunter **Brunnen**

Der Brunnen sieht ein wenig so aus, als hätte ich ihn mit Bonbons beklebt. Die Regenwasserrinne von Seite 80, die ich ebenfalls mit Mosaik gestaltet habe, mündet in diesen Brunnen. Klar, dass auch er in ein farbiges Gewand aus Mosaiksteinchen gehüllt wurde.

1 Rühren Sie den Kleber nach Herstellerangaben an und tragen ihn auf den Betonbrunnen auf. In der Rundung des Beckens lässt sich der Kleber sehr gut mit einem alten Esslöffel auftragen. Schieben Sie dann kleine Scherben, Mosaiksteinchen und Nuggets in den Kleber. Aufgrund der geringen Größe der Mosaikteile brauchen Sie hier keinen Fliesenkleber extra auf jedes Teilchen streichen. Wenn der Kleber beim Verlegen hochquillt, streifen Sie ihn am besten mit einem alten Brotmesser ab. Den Kleber nach Herstellerangaben trocknen lassen.

2 Verfugen Sie das Becken nach dem Trocknen mit Flexfugenmörtel (siehe Seite 148).

Mein Tipp

Möchten Sie den Brunnen ab und zu als Becken nutzen, legen Sie einen kleinen Hüpfball oder einen ähnlichen Gegenstand auf den Brunnenablauf. Dann staut sich das Wasser und Sie können mit Blüten und Schwimmkerzen dekorieren. Vor dem nächsten Regenguss den Abfluss wieder frei machen.

Das brauchen Sie

- Betonbrunnen (Rohling aus dem Baumarkt oder Gartencenter)
- Scherben von frostfesten Fliesen, Glasmosaiksteinchen, Glasnuggets usw.
- Naturstein-Flexkleber für draußen in Weiß
- Flexfugenmörtel für draußen (für Schmal- und Breitfugen) in Weiß
- Bau-Eimer
- Bohrmaschine mit Rühraufsatz
- Wasser
- kleine Kelle
- altes Buttermesser
- alter Esslöffel
- Schwamm
- Lappen
- Einweghandschuhe

In der Sonne **GLITZERN** die Glasnuggets besonders schön und mit den **BUNTEN BLÜTEN**, die im Wasser treiben, geben sie ein phänomenales Farbenspiel ab.

Statt drei Bachlauf-Stufen sehen **AUCH VIER ODER FÜNF** sehr gut aus.

Zwischen **Kräutern** und **Teich**

Wenn ich eine kreative Idee im Kopf habe, gibt es manchmal nicht genau die Bauteile zu kaufen, die ich brauche. Dann muss ich „um die Ecke" denken. Zweckentfremdung ist die Devise! Der Verkäufer im Baustoffhandel staunte nicht schlecht, als ich ganze drei Firstziegel kaufen wollte – normalerweise werden die zum Dachdecken in großen Stückzahlen geordert.

1 Markieren Sie im Garten die Stelle, wo Kräuterberg und Teich hinkommen sollen, mit Markierungsspray und heben Sie dort das Loch für das Becken mit dem Spaten aus. Soll das Becken bündig mit dem Gras abschließen, muss das Loch ca. 10 cm tiefer als die Tonne hoch ist und 20 cm breiter sein.

2 Den Boden des Lochs ca. 10 cm hoch mit Sand bedecken, festtreten und den Sand mit der Wasserwaage glatt abziehen. Stellen Sie das Becken hinein, füllen Sie schon etwas Wasser ein, damit es schwerer ist, und prüfen Sie mit der Wasserwaage noch einmal, ob alles gerade sitzt und der Beckenrand mit dem Erdboden oben abschließt. Dann den Rand rundherum bündig zur Grasnarbe mit Kies auffüllen.

3 Die Teichpumpe mit dem angeschlossenen Schlauch ins Becken legen und den Schlauch gleich so im Kräuterberg verlegen, dass er in der Mitte oben wieder herauskommt. Augen auf beim Einkauf: Die Teichpumpe muss zur Beckengröße passen. Lassen Sie sich im Baumarkt beraten.

4 Vermischen Sie die Erde des Aushubs mit etwas Kies. Diese Mischung bildet die Grundlage für den Kräuterberg. Verwendet man nur Erde, würde diese im Laufe der Jahre zusammensacken. Kies macht den Berg stabiler. Schütten Sie den Berg grob auf, dabei an den Schlauch der Teichpumpe denken! Aus großen Wackersteinen die Ränder der drei Terrassenstufen des Bergs anordnen. Dabei darauf achten, dass die Steine zusammenpassen, gut aneinander anschließen, sich im besten Fall sogar ineinander verzahnen und nicht abrutschen können. Sie können von innen ein wenig Beton an die Steinmauern geben und so helfen, den Berg zu stabilisieren.

5 Dann die Terrassenstufen mit Blumenerde auffüllen und die Kräuter einpflanzen. Denken Sie daran, eine Schneise für den Flusslauf freizulassen. Die meisten Kräuter lieben sonnige, warme Standorte. Decken Sie die Erdschicht um die eingepflanzten Kräuter herum zum Schluss mit Kies ab. Er speichert die Wärme der Sonne und die Kräuter werden dadurch aromatischer. Alles gut angießen.

6 Für den Flusslauf werden die drei Firstziegel mit Mosaik beklebt und danach verfugt (siehe Seite 148).

7 Die fertigen Firstziegel so am Berg anordnen, dass ein dreistufiger Flusslauf entsteht. Aus dem Zement nach Herstellerangaben Beton anmischen. Dazu werden in etwa ein Teil Zementpulver und drei Teile Sand mit Wasser so vermischt, dass eine griffig-matschige Masse entsteht. Die Ziegel mit dem Beton an Ort und Stelle von unten fixieren.

Das brauchen Sie

Für den Kräuterberg mit Flusslauf:

- Tonne als Wasserbecken, ø 1m, ca. 40 cm tief
- kleine Teichpumpe mit einem ca. 2 m langen Schlauchstück
- 3 Firstziegel (vom Baustoffhandel)
- 1 Sack Zement
- Sand
- Wasser
- Kies (vom Kieswerk oder Landschaftsgärtner liefern lassen)
- große Wackersteine
- Kräuterpflänzchen und Teichpflanzen
- Blumenerde
- Farbspray als Markierungshilfe
- Spaten
- Wasserwaage

Für das Mosaik:

- Fliesenscherben von frostsicheren Fliesen (Fliesen kann man einzeln als „Muster" im Baumarkt oder Fliesengeschäft kaufen)
- Glasnuggets
- schnell härtender Dünnbettmörtel für draußen in Weiß
- Flexfugenmörtel für draußen (für Schmal- und Breitfugen) in Weiß
- Zahnspachtel
- altes Brotmesser
- Schwämmchen
- Einweghandschuhe
- Hammer

Der KREATIVEINSATZ hat sich gelohnt! Der Kräuterberg ist fertig.

Mein Tipp

Ohne Brunnenfunktion machen solch bunt gestapelte Porenbetonsteine auch als Gartenskulptur eine gute Figur. Hierzu verwenden Sie kein Rohr, sondern eine normale Metallstange, die Sie direkt in den Boden stecken und auf die Sie die geschnitzten Porenbetonsteine auffädeln.

Ich habe gleich mehrere dieser Säulen gemacht, solch einen Spaß hat das **SCHNITZEN MIT PORENBETON** gemacht.

Bunter Springbrunnen

Porenbeton ist ein tolles Material: Es ist leicht zu schnitzen. Und das Schöne ist, ich kann es auch im Grünen bearbeiten. Da werde ich gerne zur Hochstaplerin und türme einzeln gestaltete Porenbeton-Brocken aufeinander – und heraus kommt ein eigenwilliger Springbrunnen für meinen Garten.

1 Bringen Sie die Porenbetonsteine mit Säge, Raspel und Feile in die gewünschte Form. Da Porenbeton sehr einfach und schnell zu bearbeiten ist, sind auch komplexere Formen kinderleicht zu schnitzen. Aber Achtung vor Staub und Bröseln! Gelangen diese in der Hitze des Gefechts in die Augen, tut das höllisch weh und muss sofort ausgewaschen werden. Gerade Kinder sollten deshalb unbedingt Schutzbrillen beim Sägen und Schleifen tragen!

2 Bohren Sie jetzt in alle bearbeiteten Steine in der Mitte ein Loch mit der Bohrmaschine. Das Loch sollte so groß sein, dass Sie sie der Reihe nach auf das Kupferrohr stecken können. Hier verschiedene Kombinationen ausprobieren. Ein schöner Abschluss ganz oben ist zum Beispiel ein Stein, der blütenförmig geschnitzt ist. Aber lassen Sie ruhig Ihrer Fantasie freien Lauf. Ist die richtige Turm-Anordnung gefunden, kann das Kupferrohr bündig mit dem letzten Stein mit einer Metallsäge abgesägt, die Poren der Steine geschlossen und die Oberfläche somit geglättet werden.

3 Rühren Sie nun den Fertigbeton nach Herstellerangaben in einem Eimer in recht flüssiger Konsistenz an. Streichen Sie den Beton mit einem breiten Pinsel auf die Oberfläche der Steine auf. Tragen Sie drei Schichten auf. In der Sonne trocknen die einzelnen Schichten schnell und Sie können zügig arbeiten.

4 Ist die Beschichtung komplett getrocknet, sollten Sie die Stellen, an denen die einzelnen Steine aufeinandersitzen, zusätzlich mit Silikon schützen. So bilden sich später keine Risse dort. Einfach das Silikon rundherum drücken. Benetzen Sie die Fingerspitze mit Wasser und Spülmittel und streichen Sie das Silikon in die Zwischenräume, sodass fließende Übergänge entstehen. Auch den Bereich ganz oben, wo das Rohr aus dem letzten Stein tritt, sollten Sie auf diese Weise zusätzlich schützen.

5 Nach gründlicher Trocknung kann die Säule am nächsten Tag mit wetterfester Acrylfarbe bemalt werden.

6 Zum Schluss versenken Sie die Pumpe mit angeschlossenem Schlauchstück im gefüllten Wasserbecken und stapeln rundherum Wackersteine, die bündig mit der Wasseroberfläche abschließen. Darauf platzieren Sie die Skulptur und stecken den Schlauch von unten durch das Rohr – fertig!

7 Da die Skulptur nicht frostsicher ist, muss sie im Winter aus dem Wasser genommen und vor Nässe geschützt werden. Am besten Sie lagern Sie bis zum Frühling in der Garage oder im Keller.

Das brauchen Sie

- Porenbetonsteine (aus dem Baumarkt oder Baustoffhandel)
- Kupferrohr, ca. 80 cm lang
- Fertigbeton oder heller Natursteinkleber
- Bohrmaschine mit großem Bohraufsatz (passend zu Kupferrohr und Schlauch)
- Eimer
- alte Säge (die Werkzeuge werden beim Bearbeiten von Porenbeton stumpf)
- grobe Feile
- Raspel
- Metallsäge
- Schutzbrille
- überstreichbares Silikon
- Spülmittel
- wetterfeste Acrylfarben
- breiter Pinsel

Für das Becken:

- flaches Wasserbecken
- Teichpumpe
- Gartenschlauch und passende Verbindungsstücke für die Teichpumpe, ca. 1 m lang
- 3–5 Wackersteine
- Wasserpflanzen

Ich hatte keinen Fertigbeton zur Hand, dafür aber einen Rest weißen Natursteinkleber. Flüssig angerührt, versiegelt er die Oberfläche genauso gut. Nach dem Trocknen ging es an meine LIEBLINGSBESCHÄFTIGUNG: bunt anmalen.

Ich liebe Mosaik! Aber das nächste Projekt kann warten. Jetzt heißt es erst einmal mit den Kindern **PLANSCHEN IM NEUEN MINI-POOL!**

Wasserwelt auf der Terrasse

Ich habe im Garten ein knallbuntes Becken gebaut. Es ist mit Fliesen in etwa 25 verschiedenen Farbtönen gestaltet! Alles geringelt, ein bisschen wie eine Sahnetorte sollte es ausschauen – nur bunter! Mein Becken hat einen Durchmesser von 4,50 m und fasst ca. 20 m³ Wasser. Sie können aber nach Lust und Arbeitszeit variieren.

Das brauchen Sie

Für das Mosaik im Becken:

- frostsichere Fliesen in verschiedenen Farben
- Naturstein-Flexkleber für draußen in Grau
- Flexfugenmörtel in Grau
- Wachsmalstift oder Marker zum Vorzeichnen des Musters
- Kelle
- Spachtel
- Zahnspachtel
- Gummispachtel
- altes Brotmesser
- Schwamm
- feste Plastikfolie
- Hammer
- Wasser
- Betonmischer zum Entgraten der Scherben
- Bohrmaschine mit Rühraufsatz
- evtl. Pappschablone

Für die Brunnensäule:

- große Pappröhre aus dem Teppichladen (die Röhren, auf die die Teppiche gewickelt werden)
- Scherben von Ton-Blumentöpfen
- Schlauch
- Beton
- evtl. Malerkreppband
- evtl. Marker

1 Die Wände und der Boden des Beckens bestehen aus Kalksandstein und Beton sowie einer Zementdispersionsabdichtung obenauf. Eine Sandfilteranlage dient zur Reinigung des Beckens. Das Wasser fließt durch den mit Quarzsand befüllten Filterkessel und von dort aus durch die Einlaufdüsen zurück in das Becken. Der Schmutz bleibt dabei zwischen den Sandkörnern hängen. Zur Beheizung wurde ein Wärmetauscher eingebaut: Es fließen dabei zwei Hydraulikkreise gegeneinander – der primäre Kreis ist das warme Wasser von der Heizungsanlage unseres Hauses, der sekundäre Kreis ist das Schwimmbadwasser. Für den Aufbau des Beckens und der genauen Planung der Technik bitten Sie am besten einen Fachmann zu Hilfe.

2 Um die große Beckenfläche gut und schnell zu verschönern, ließ ich die meisten Fliesen ganz und verklebte sie in bunten Reihen. Aber ein paar aufwendigere Mosaikarbeiten in der Mitte, auf der Sitzbank und am Rand ließ ich mir natürlich nicht nehmen. Für das Mosaik die Fliesen mit dem Hammer zerschlagen. Clever ist es, sich eine feste transparente Folie über die Fliesen zu legen. So fliegen keine Scherben durch die Gegend und man sieht trotzdem, wo man hinschlägt. Ich habe einen einfachen Trick, die Kanten nach dem Zertrümmern zu entgraten: Ich schütte die Scherben in den Betonmischer. Einfach Wasser dazu geben: ein Teil Scherben, ein Teil Wasser. Nach ca. 10 Minuten „Schleudergang“ sind alle Kanten abgerundet. Die Fliesenoberfläche wird dadurch zwar auch ein wenig matter, aber das stört mich persönlich überhaupt nicht.

3 Nun kommen wir zum Verlegen. Eine Anleitung mit allen Arbeitsschritten finden Sie auf Seite 81. Wenn Sie mein Muster nachmachen möchten, malen Sie sich am besten mithilfe einer Schablone oder freihand die Aufteilung der Flächen auf den Boden und den Rand des Beckens vor. Arbeiten Sie sich beim Verlegen reihen- bzw. kringelweise voran: erst den Rand kleben, dann ein Blümchen in die Mitte, zum Schluss den Rest mit Scherben ausfüllen. Wichtig ist, dass Sie den Fliesenkleber mustergerecht auftragen, damit Sie die Form der Vorzeichnung genau nacharbeiten können, und immer nur so viel Fläche satt bestreichen, wie Sie in einer halben Stunde fertig bearbeiten können. Für eine optimale Haftung sollten Sie die Fliesen schräg ins Kleberbett schieben. So vermeiden Sie Lufteinschlüsse.

4 Besondere Vorsicht ist beim Verfugen angeraten: Die Fugenmasse gut in alle Zwischenräume streichen, damit der Mörtel wirklich gut in alle Ritzen gelangt. In Ungenauigkeiten könnte später Wasser eindringen, sodass die Fliesen und Scherben abplatzen würden. Damit alles gut aushärten und durchtrocknen kann, sollte man nach dem Ausfugen ca. eine Woche Geduld haben, bis man Wasser ins Becken einlässt.

5 Um das Becken mit Wasser aufzufüllen, wollte ich nicht unseren normalen Hausanschluss nutzen. Daher habe ich eine extra Säule gebaut, aus der bei Bedarf Wasser hinzugelassen werden kann. Als Grundlage für die Brunnensäule dient eine große, stabile Pappröhre. Der Klempner hat die Anschlüsse fertig gemacht und einen Schlauch darin versenkt. Ich habe die Säule dann mit Beton ausgegossen, also genauer gesagt den Schlauch eingegossen. Danach muss man nur noch die Pappe entfernen. Das Dächlein der Säule ist aus Blumentopfscherben gemacht, die auch im Betonmischer abgerundet wurden. Um das Spiralmuster einfach und regelmäßig hinzubekommen, habe ich ein Klebeband schräg angesetzt und um die Säule gewickelt. Dann mit einem Marker am Klebeband entlangzeichnen und schon haben Sie die perfekte Spiralvorlage.

Mein Tipp

Lassen Sie im Winter Wasser im Becken, es friert zu und schützt das Mosaik. Legen Sie unbedingt etwas Elastisches hinein, wie ein Stück Baumstamm, dies fängt den Druck beim Ausdehnen des Wassers beim Gefrieren auf. Schläuche und Leitungen sollten entleert werden.

So ein Pool ist eine **GRÖSSERE AUFGABE**. Ich habe mich einfach **STÜCK FÜR STÜCK** ans verzieren gemacht. Meine neugierigen Katzen waren natürlich immer dabei.

Für mich hat sich die Anschaffung eines **BETONMISCHERS** wirklich gelohnt! Eine Runde im Mischer und die Kanten der Mosaiksteine sind abgeschliffen.

Es gibt so viele **WUNDERSCHÖNE FARBTÖNE** bei Fliesen, da konnte ich mich wirklich nicht entscheiden. Also habe ich pro Farbe immer nur 1 oder 2 m² bestellt.

Falls Sie diese Vogeltränke zusammen mit Kindern bauen, sollten Sie sie das Silikon nicht selbst auftragen lassen, aber sie können beim Bekleben helfen. Dabei unbedingt **ALTE KLAMOTTEN TRAGEN!**

Mosaik-**Vogeltränke**

Grünfink, Blaumeise und Rotkehlchen werden ganz blass vor Neid, wenn Sie all die Farben meiner Vogeltränke sehen. Genau genommen ist es ja ihre Vogeltränke und nicht meine. Jedenfalls ist sie ein richtiger Farbtupfer im Garten.

1 Bevor es richtig losgeht, reinigen Sie die alten Schalen und Töpfe gründlich. Dann probieren Sie aus, welche Töpfe und Schalen übereinander gestapelt die schönste Tränkenform ergeben könnten. Für eine kelchförmige Schale mit Sockel, wie meine hier, werden drei saubere und trockene Gefäße mit reichlich Montagekleber übereinandergeklebt. Lassen Sie den Montagekleber mindestens 48 Stunden trocknen.

2 Jetzt machen Sie Mosaikscherben: Altes Geschirr, bunte Fliesen usw. werden mit einer transparenten Plastikfolie abgedeckt und gezielt mit dem Hammer in die gewünschte Scherbengröße zerschlagen.

3 Zeichnen Sie mit einem Marker das gewünschte Muster des Mosaiks auf die Töpfe vor. Ich wollte Blumen auf meiner Schale erblühen lassen. Danach tragen Sie reichlich Silikon aus der Kartuschenpresse auf, und zwar nur in einem Bereich, der in etwa 10–15 Minuten beklebt werden kann, da Silikon nach einiger Zeit eine Haut bildet. Kleben Sie zuerst immer die Muster, also die Blüten beispielsweise. Danach füllen Sie den Hintergrund mit Scherben aus. Mit der Kartuschenpresse lässt sich das Silikon leicht und präzise auftragen, es muss nicht zusätzlich verstrichen werden. Achten Sie aber bitte darauf, dass das Silikon in den Fugen nicht zu stark herausquillt. Das würde später nach dem Verfugen unschön ausschauen. Überschüssiges Silikon können Sie mit einem Messerchen abnehmen.

4 Nach zwei Tagen Trocknungszeit kann verfugt werden. Auf Seite 148 steht, wie es gemacht wird.

Mein Tipp

Wenn sie nicht sicher sind, ob alle Bestandteile der Schale wirklich frostsicher sind, also sowohl die Schalen selbst als auch alle Fliesen und Mosaikteile, stellen Sie sie über den Winter zur Sicherheit in die Garage. Oder decken Sie zumindest die trockene Schale im Winter wasserdicht mit einem Müllsack o. Ä. ab.

Das brauchen Sie

- alte Ton- oder Metalltöpfe und -schalen (Bei Plastikschalen und -töpfen darauf achten, dass sie nicht elastisch sind. Sie müssen so stabil sein, dass man sie nicht biegen kann.)
- kleine Kiesel- und Glassteine
- farbige Fliesen (überwintert die Tränke in der Garage, können auch alte Teller usw. für das Mosaik verwendet werden)
- Plastikfolie oder Tuch zum Auffangen der Scherben
- Hammer
- Montagekleber mit Kartuschenpresse
- weißes Silikon mit Kartuschenpresse
- Flexfugenmörtel für draußen (für Schmal- und Breitfugen) in Weiß
- Eimer
- kleine Spachtel oder Plastikmesser o. Ä.
- Marker
- Schwämmchen
- Einweghandschule
- Lappen

Selbst wenn kein Vogel geflogen kommt, ist diese Schale ein **HINGUCKER IM GARTEN.**

Der eine Pilz leuchtet in **ROT-GELB** mit großen Scherben, der andere punktet im wahrsten Sinne des Wortes mit seinen runden Glasnuggets.

Mosaik-Pilze

Im Internet hat mich eine Leserin einmal gefragt, ob man nachtleuchtende Dekosteine aus Plastik auch in Mosaiken verwenden könnte. Eine gute Frage, dachte ich. Das musste ich gleich mal einem Test unterziehen. Und ja, es klappt! Wie meine Pilze neben dem Eingangstor beweisen.

1 Zuerst wird der Pilz als Rohling aus Beton hergestellt. Rühren Sie Beton wie auf Seite 149 beschrieben an. Gießen Sie den Pilzhut mithilfe einer großen Plastikschüssel, die Sie zuvor mit Salatöl als Trennmittel eingestrichen haben. Der Stiel des Pilzes wird ebenfalls aus Beton gegossen, als Form dient ein Plastikblumentopf, bei dem gegebenenfalls die Abzugslöcher mit Klebeband verschlossen wurden. Den Beton aus den Formen lösen und die beiden Teile mit reichlich Flexkleber zusammenkleben.

2 Kleben Sie zuerst mit Flexkleber die Leuchtsteine auf die Pilze. Verteilen Sie sie gleichmäßig über den gesamten Pilzhut. Dann folgen die anderen Scherben des Mosaiks. Nach dem Trocknen des Klebers fugen Sie die Zwischenräume aus (siehe Seite 148).

Mein Tipp

Es müssen nicht immer weiße Fugen sein. Den Pilz mit den roten Scherben habe ich gelb verfugt. Dafür habe ich fertig abgetönte Fugenmasse gekauft. Sie können aber auch etwas Acrylfarbe beim Anrühren des Fugenmörtels hineinmixen.

Das brauchen Sie

Für die Pilz-Rohlinge:

- Zementpulver, z. B. Trasszement
- Sand
- Wasser
- Salatschüssel aus Plastik als Form für den Pilzhut
- Blumentopf aus Plastik als Form für den Pilzstiel
- Eimer zum Anmischen
- Salatöl
- Pinsel

Für das Mosaik:

- Scherben von frostsicheren Fliesen
- Glassteine, Glasnuggets o. Ä.
- in der Nacht leuchtende Plastiksteine (habe ich bei Tchibo gefunden)
- Naturstein-Flexkleber für draußen
- Flexfugenmörtel für draußen (für Schmal- und Breitfugen)
- Bau-Eimer
- Wasser
- Kelle
- Zahnspachtel
- altes Buttermesser
- Lappen
- Einweghandschuhe

Und hier der Beweis: Die Pilze leuchten tatsächlich mit ihren nachtleuchtenden **DEKOSTEINEN.**

Weitere Ideen

Mosaik-SCHIRMSTÄNDER

Einfache Sonnenschirmständer aus Beton bekommt man in jedem Baumarkt. Hübsch anzusehen sind sie jedoch nicht. Mit Mosaiksteinen lassen sie sich jedoch schnell und individuell schön gestalten. Achten Sie jedoch darauf, dass Sie ausschließlich frostsichere Mosaiksteine verwenden, wenn Sie ihre Mosaikarbeiten auch im Winter im Freien stehen lassen möchten.

Beton-BURG

Für meine Jungs habe ich einen riesigen Abenteuerspielplatz mit großem Sandkasten gebaut. Dabei war ich vielleicht nicht ganz uneigennützig. Die Sandförmchen, die die Jungs für ihre Sandburgen brauchen, leihe ich mir hin und wieder für meine Betonarbeiten aus. Mit Acrylfarbe wird aus der selbstgegossenen grauen Burg ein leuchtendes Blumenschloss.

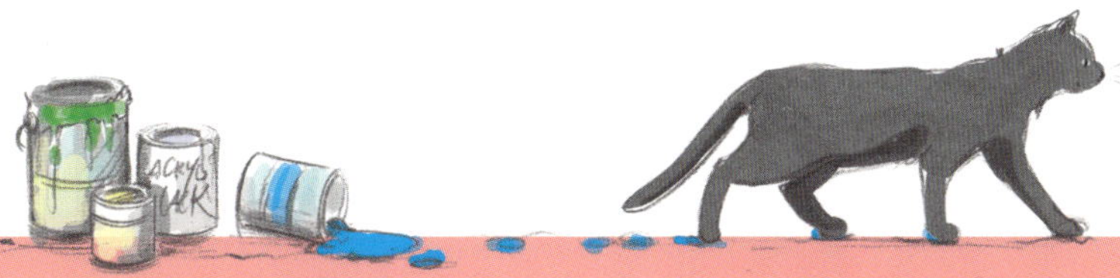

Mosaik-STEINE

Für Mosaik-Anfänger eigenen sich kleinere Arbeiten, die ein schnelles Erfolgserlebnis versprechen, wie z. B. diese Steine. Die Mosaiksteine habe ich mit Silikonkleber auf den Steinen fixiert. Anschließend habe ich sie verfugt. Wie das funktioniert, erkläre ich Ihnen auf Seite 148. Richtig toll sieht es aus, wenn Sie ganz viele Steine in unterschiedlichen Farben und Mustern gestalten.

TRITTSTEINE aus 1001 Nacht

Im Urlaub habe ich marokkanische Fliesen erstanden. Ich habe mir lange überlegt, was ich mit ihnen machen könnte. Letztendlich habe ich Sie in Betonplatten eingegossen. Im Garten dienen sie nun, nicht nur unseren Katzen, als farbenfrohe Wegweiser.

Weitere Ideen

GRILL-Station

Sommerzeit ist Grillzeit! Und was gibt es schöneres als einen großen Außengrill im eigenen Garten. Mit ein paar Mosaikverzierungen sieht der Grill schon viel farbenfroher aus. Natürlich kann man auch den ganzen Korpus mit Mosaik verkleiden, aber oft reichen ein paar gut gesetzte Mosaik-Akzente völlig aus.

BALKON-Tisch

Die Tischplatte meines Balkontisches habe ich mit Glasmosaik verkleidet. Holz ist als Untergrund für Mosaik nicht so gut geeignet, aber geht nicht, gibt's bei mir nicht. Ich habe mich an den Zwei-Komponenten-Kleber Epo Tix getraut. Damit habe ich das Mosaik aufgeklebt und verfugt. Ich hatte etwas Respekt vor dem Kleber, aber dank einer super Beratung im Baustoffhandel hat alles gut geklappt. Mosaik-Anfänger können auch normalen Fliesenkleber verwenden, dann sollte man den Tisch aber im Winter ins Haus stellen.

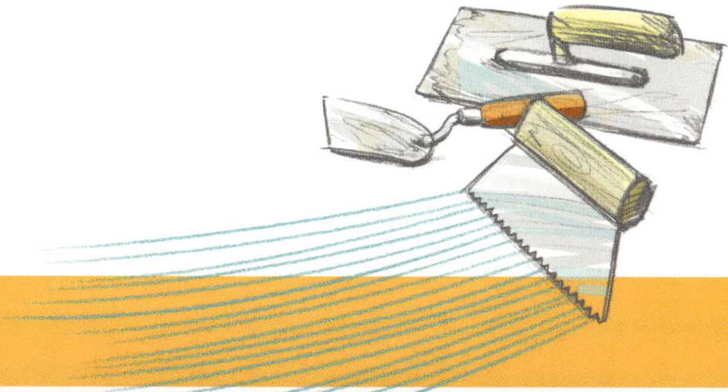

LATERNEN-Fuß

In meinem Garten habe ich eine echte Straßenlaterne stehen. Im Sommer dient sie mir als Hängevorrichtung für meine Blumentöpfe. Den Lampenfuß habe ich einbetoniert und mit normalen Steinen verziert. Zwei kleine Keramikfratzen haben hier aber auch ihren Platz gefunden. Ich habe Sie aus Ton gearbeitet und nach dem Brennen einfach zusammen mit den Steinen in den Lampenfuß miteingearbeitet.

OMAS Schale

Diese Blumenschale habe ich für meine Oma gemacht. Sie liebt Lila und natürlich Blumen. Deshalb habe ich natürlich kleine Blüten mit eingearbeitet, jede Blüte in einer anderen Farbe. So passt auch immer die Bepflanzung zur Schale.

Für Sonnenschein & Winterwetter

BESONDERS IM FRÜHJAHR UND IM SOMMER halten wir uns in unserem Garten auf – wenn die Sonne scheint und wir unter den Bäumen nach Schatten suchen oder an Ostern, wenn sich die ersten Blüten zeigen. In diesen Zeiten lässt sich der Garten toll gestalten. Doch auch wenn die kalten Jahreszeiten anbrechen, sollte man den Garten nicht vernachlässigen. Gerade dann ist es vielleicht sogar noch wichtiger für schöne Anblicke zu sorgen! Schließlich sitzen wir hinter dem Fenster im warmen Zimmer und träumen beim Blick in den winterlichen Garten schon wieder vom nächsten Frühling.

Der **ZWERGEN-CHEF** hat einen **AUSSICHTSPUNKT** gefunden. Hinter ihm stehen von mir bemalte und mit Schablonen verzierte Holzbretter.

Gartenzwerge in neuem Kleid

Mein Papa hat vor einigen Jahren ganze zwei Müllsäcke voller Gartenzwerge im Internet ersteigert. Niemand weiß so recht warum – ich glaube, nicht mal er selbst. In den Garten stellen wollte er sie jedenfalls nicht und so wohnten sie bis zu meiner Eingebung mit der Sprühfarbe in meinem Keller.

Das brauchen Sie

- Gartenzwerge
- Haftgrundspray in Weiß
- Lackspray in Ihren Wunschfarben
- wetterfeste Acrylfarbe in Gold oder anderen Farbtönen
- breiter Flachpinsel oder Schwamm
- Sprühunterlage

1 Stellen Sie die Zwerge auf eine Unterlage, z. B. Zeitungspapier oder Folie, und besprühen Sie alle mit dem weißen Haftgrund. Dieser ist nötig, damit die eigentliche Farbe besser auf dem Plastik haftet. Nach dem Trocknen sprühen Sie die gewünschte Farbe auf.

2 Wenn Sie den Zwergen noch einen goldenen Schimmer verleihen möchten, können Sie wetterfeste Acrylfarbe in Gold darüberpinseln. Eigentlich ist es eher ein Darüberwischen, denn das Gold soll nicht decken, sondern nur schimmernde Effekte erzeugen. Daher können Sie statt eines Pinsels auch einen Schwamm nehmen.

1 So sah die Gartenzwergsammlung, die mein Vater einst ersteigert hatte, vorher aus.

2 Die weiße Grundierung ist eine perfekte Grundlage für meine Farbfantasien. Vor meinem geistigen Auge sehe ich schon die Farben, in denen die Figuren gleich erstrahlen werden.

3 Meine geliebten blau-grün Töne stehen auch den kleinen Gartenbewohnern gut.

4 Der große Zwerg in Gold überragt alle anderen. Ich glaube, er ist der Chef in meiner Zwergenfamilie.

Ich habe mein Sonnensegel an langen **BAMBUSSTÄBEN** befestigt. Diese müssen gut im Boden verankert sein.

Luftige Scherenschnitte

So filigran diese kunstvollen Schnitte auch aussehen, sie sind saustabil. Das liegt an einem tollen neuen Material: wetterfestes Papier! Aus richtigem Papier würde ich diese Deko für den Garten auch nicht machen. Denn irgendwie widerstrebt es mir, Dinge zu basteln, die nur einen Tag halten und hinterher weggeworfen werden.

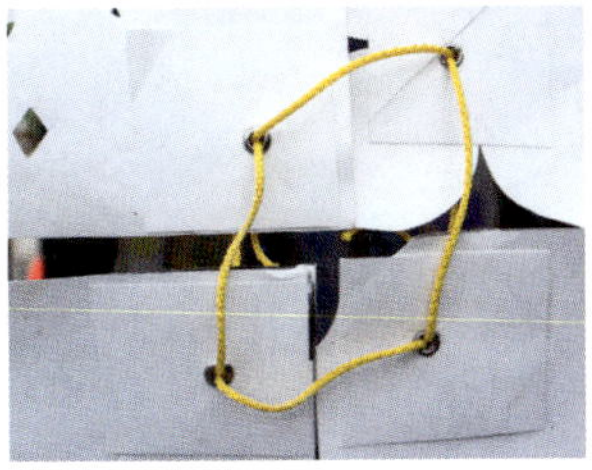

1 Tyvek® ist ein Kunststoff, der aber in seiner Beschaffenheit an dickes Papier erinnert und auch so aussieht. Im Gegensatz zu echtem Papier ist es witterungsbeständig und kann somit gut als Dekomaterial für draußen benutzt werden. Das beste Material also für meine Idee mit den Scherenschnitten. Falten Sie ein Tyvek®-Quadrat zweimal, sodass vier Papierschichten übereinander liegen. Sie können das Quadrat dabei jeweils Seite auf Seite oder Ecke auf Ecke falten, das Muster unterscheidet sich dann hinterher. Sie können es auch noch einmal falten, dann liegen acht Schichten aufeinander.

2 Im Grunde haben wir dieses Spiel in Kindertagen schon hundertmal gemacht: Blatt falten, Kerben und Kreise aus den Faltkanten ausschneiden, Papier auffalten und staunen, welches Muster entstanden ist. Hier geht es um das gleiche Prinzip, es kann nur etwas kunstvoller werden – braucht es aber nicht. Es müssen nicht nur die Falze sein, aus denen Sie etwas ausschneiden, Sie können nach dem Falten auch mit dem Cutter Muster aus der Mitte herausschneiden. Mit Lineal und Bleistift können Sie sich die Muster vorzeichnen.

3 Um aus den verschiedenen Scherenschnitt-Quadraten ein Sonnensegel machen zu können, müssen die Teile verbunden werden. Kleben Sie dafür kleine Tyvek®-Quadrate auf die Ecken der Scherenschnitte als Verstärkung. Knipsen Sie Ösen ein und verbinden Sie jeweils vier Quadrate an den Ecken mit einem Stück Schnur. Auch an den Ecken des Sonnensegels kommen Ösen hinein. Nun können Sie das Segel an ein Gestell binden.

Das brauchen Sie

- Tyvek®, hart ungenadelt (aus dem Bastelbedarf als Meterware oder in einzelnen Bögen)
- Ösen
- stabile Schnur
- Alleskleber
- Loch- und Ösenzange
- Bleistift
- Lineal
- Schere
- Cutter
- Schneideunterlage

Mein Tipp

Da das Material nicht ganz günstig ist, probieren Sie mit normalem Papier in Klein verschiedene Muster aus. Diese können Sie das auf den Tyvek®-Bogen übertragen.

SO LÄSST SICH'S AUSHALTEN! Spannen Sie eine stabile Schnur, an der Sie den Sonnenschutz aufhängen oder befestigen Sie sie an einer Pergola.

Man kann mit dem **WETTERFESTEN PAPIER** natürlich auch im Kleinen basteln. Hübsche Tischdeko oder Zier-Platzsets zum Beispiel.

Hier hängen die **SCHERENSCHNITTE AN MEINEM BUNTSTIFT-ZAUN.** Ich habe sie einfach nacheinander wie bei einer Girlande auf eine Schnur gefädelt.

Mein **SONNENSEGEL** ist etwa 3 × 3 m groß und hängt an Bambusstäben, die ich selbst in meinem Garten geschnitten habe.

Patchwork-Sonnensegel

Halstücher gibt es in vielen Farben mit hübschen Mustern. Der dünne Stoff leuchtet besonders schön, wenn die Sonne hindurchscheint. Als ich diese Halstücher günstig im Angebot gesehen habe, kam mir die Idee, sie für ein Sonnensegel zu verwenden. Praktischerweise haben die quadratischen Tücher schon alle die gleiche Größe, was mir einige Arbeit erspart hat.

1 Mein Sonnensegel ist 3 × 3 m groß. Falls Sie wie ich nicht genügend Halstücher beisammen haben, können Sie die fehlenden Quadrate aus weißem und gelbem Baumwollstoff in der gleichen Größe zuschneiden und die Ränder mit der Nähmaschine versäubern. Auf diese Stoffquadrate habe ich mit Schablonen und Stoffmalfarbe Ornamente aufgebracht. Dazu das Stoffquadrat auf ein Stück Packpapier legen, falls die Farbe durchdrückt, und die Schablone auflegen. Damit sie nicht verrutscht, können Sie sie mit Stecknadeln fixieren. Tragen Sie immer ganz wenig dickflüssige Stofffarbe mit einem Borstenpinsel auf und halten Sie beim Aufstupfen den Pinsel senkrecht. Die Stoffmalfarbe nach Herstellerangaben fixieren.

2 Ordnen Sie alle Quadrate nach Ihren Wünschen an und nähen Sie sie mit der Nähmaschine aneinander: zuerst zu Bahnen à fünf Quadraten, danach die Bahnen zu einem kompletten Tuch. Achten Sie darauf, dass die unschönen Nähte immer auf der gleichen Seite liegen. Sie liegen später beim Sonnensegel oben, damit man sie während man darunter sitzt, nicht sieht.

3 Damit Sie das Segel aufhängen können, sollten Sie die vier Ecken oben und unten mit je einem etwa 10 cm großen, rechtwinkligen Dreieck aus Kunstleder verstärken. Sie brauchen also acht Dreiecke. Die Dreiecke mit Stoffkleber oben und unten an die Ecken des Sonnensegels kleben. Wenn der Kleber getrocknet ist, große Ösen einschlagen.

4 Das Sonnensegel lässt sich zwischen Bäumen, an Haken an der Hauswand und an Stangen befestigen. Für die Stangen habe ich an jeder Ecke meines Sitzplatzes ein ca. 30 cm langes Metallrohr in den Boden eingegraben und einbetoniert. Diese vier Bodenlöcher sind die Halterungen für die Bambusstäbe, an denen ich mein Sonnensegel festgebunden habe. Alternativ könnte man auch Bodendübel in die Erde drehen.

5 Übrigens: Ich habe für die Halterungen meine eigenen Bambusstangen „ernten" können. Die musste ich jedoch erst noch haltbar machen, denn wie jedes andere Holz verrottet Bambus mit der Zeit. Halten Sie die Stäbe nach dem Abschneiden kurz über ein Feuer. Sobald die Oberfläche glänzt, können Sie den Bambus aus der Hitze nehmen. Er ist jetzt „wärmeversiegelt".

Mein Tipp

Alternativ zur Stoffmalfarbe können Sie auch wetterfeste Acrylfarbe verwenden, sofern Sie das Sonnensegel nicht in die Waschmaschine stecken möchten.

Das brauchen Sie

- quadratische Stofftücher
- dünner Baumwollstoff in Weiß und Gelb
- Rollschneider mit Schneideunterlage oder Schere
- große runde Schablonen, zum Beispiel aus Tyvek® selbst gemacht
- Stoffmalfarbe
- fester Borstenpinsel
- Packpapier als Unterlage
- evtl. Stecknadeln
- Nähmaschine
- Rest Kunstleder oder anderer robuster Stoff
- große Ösen
- Hammer
- feste Schnur
- 4 Metallrohre oder Bodendübel (aus dem Baumarkt)
- 4 Bambusstäbe, ø ca. 4 cm, ca. 3 m lang

Die **ECKEN** werden mit **KUNSTLEDER VERSTÄRKT**, damit sie nicht ausreißen.

Kaffeetafel im Grünen

Diese Tischdekoideen sind schnell und einfach gemacht, individuell abwandelbar und kostengünstig. Was will man mehr? Sie sind daher auch besonders gut geeignet für große Festtafeln von Geburtstag bis Taufe.

1 Die Kieselsteine, Gläser und Fläschchen mit Haftgrund weiß grundieren und trocknen lassen. Bitte nur draußen arbeiten und Pappe oder Zeitungspapier unterlegen.

2 Für die Blumenvasen mit Bändern binden Sie bunte Bänderreste um die weißen Flaschenhälse. Schon ist die erste Variante für die Tischdeko fertig.

3 Und wie bringen Sie die kleinen Muster auf die Flaschen? Mit Serviettentechnik!
Gerade geschnittene Flaschen eignen sich sehr gut dafür. Nehmen Sie keine besonders bauchigen oder konisch zulaufenden Flaschen, sonst entstehen zu viele Brüche in den Mustern und das sieht nicht schön aus. Und so geht's: Eine weiß grundierte Flasche zum Abmessen in die Serviette wickeln und diese dann passend, nicht zu großzügig, zuschneiden. Jetzt die oberste, bedruckte Schicht des Serviettenstücks ablösen. Die Flasche mit einer dünnen Schicht Klarlack gleichmäßig einpinseln und die Serviette vorsichtig um die Flasche wickeln, sodass sie am Klarlack festklebt. Die Flasche vorsichtig in den Händen rollen, dass die hauchdünne Papierschicht überall, auch am Flaschenhals, festgedrückt wird. Am schmalen Flaschenhals wirft die Serviette Falten. Das macht aber nichts, drücken Sie einfach alles vorsichtig fest. Ist alles getrocknet, die Oberfläche nochmals mit Klarlack überstreichen.

4 Auch die Steine wurden auf diese Weise mit der Serviettentechnik verschönert. Wenn Sie mögen, können Sie Steine und Vasen im Partnerlook gestalten.

5 Bei den vielen Leckereien auf einer Festtafel muss man manchmal „in die Höhe bauen", damit alles raufpasst. Da der Platz sowohl auf dem Gartentisch als auch in meinen Küchenschränken begrenzt ist, besitze ich keine Etageren, weil sie einfach zu sperrig sind. So habe ich für die Sommerparty kurzerhand eine Etagere improvisiert. Stapeln Sie dafür drei Teller der Größe nach mit den Gläsern dazwischen zu einem Turm. Fixieren Sie das Ganze oben und unten jeweils mit je drei Kügelchen Kinderknetmasse. So kann nichts abrutschen.

Mein Tipp

Ganz große mit Servietten verzierte Kieselsteine eignen sich prima als Türstopper oder Gartendeko! Je mehr Schichten wetterfesten Klarlack Sie auftragen, desto haltbarer werden sie.

Das brauchen Sie

- weiße Tischdecke
- saubere Fläschchen und Gläser in verschiedenen Formen und Größen
- Haftgrundspray in Weiß
- alte Zeitungen, Pappe o. Ä. als Sprühunterlage
- Bänder- und Bortenreste
- schöne runde Kieselsteine in verschiedenen Größen
- verschiedene klein gemusterte Servietten
- Klarlack auf Wasserbasis
- breiter, weicher Flachpinsel
- Aludraht

Für die Etagere:

- 3–4 Teller in drei unterschiedlichen Größen
- Trinkgläser, wie kleine Cognacgläser mit Stiel
- Kinderknete

Meine selbst gebaute Etagere ist der BLICKFANG auf meiner sommerlichen Kaffeetafel.

Ich habe mit den Stempeln **EINLADUNGSKARTEN** gestaltet, die sind viel **INDIVIDUELLER** und schöner als die aus dem Schreibwarengeschäft.

Stempel selber machen

Schon während der Schulzeit habe ich Radiergummistempel gemacht. Und bis heute hat mich dieses Fieber nicht losgelassen. Das Entwerfen und Schnitzen der Motive entspannt mich und das Ergebnis begeistert mich jedes Mal sowieso. Meine Stempelsammlung ist mein persönlicher Schatz, den ich um nichts in der Welt hergeben würde.

Das brauchen Sie

- Radiergummis
- Cutter oder Linolschnittwerkzeug
- weicher Bleistift
- Papier

1 Zuerst zeichnen Sie sich das gewünschte Motiv mit einem weichen Bleistift auf Papier auf. Benutzen Sie dazu meine Vorlagen auf Seite 157 oder kreieren Sie eigene Motive. Der Bleistift muss unbedingt weich sein, das ist wichtig für den nächsten Schritt.

2 Drücken Sie den Radiergummi fest auf das Motiv. Damit übertragen Sie die Bleistiftkonturen. Und der Clou dabei, falls Sie Schrift stempeln wollen: Sie haben sie gleich spiegelverkehrt auf dem Radiergummi. Mittlerweile gibt es übrigens im Künstlerbedarf auch A4 große Radiergummiblöcke. Dann ist man mit der Größe des Motivs nicht mehr so eingeschränkt wie bei handelsüblichen Radiergummis aus dem Schreibwarengeschäft.

3 Jetzt brauchen Sie die Flächen, die nicht zum Motiv gehören, einfach nur mit dem Cutter abzutragen. Fertig ist der Stempel.

Mein Tipp

Wollen Sie eigene Blütenstempel kreieren, nehmen Sie runde Radiergummis als Grundlage. Wenn Sie sich eine Aufteilung wie Pizzastücke vorzeichnen, können Sie sich prima daran orientieren und die Blütenblätter anordnen.

Es gibt Sets mit kleinen bunten Stempelkissen zu kaufen. In diesem Format sollten Sie das KISSEN AUF DEN STEMPEL DRÜCKEN, nicht umgekehrt.

Man kann auf alle möglichen Materialien stempeln: PAPIER, KARTON, HOLZ, STEINE, KERAMIK und viele mehr.

Meine **OSTERHASEN** bewundern gerade die frisch erblühten Narzissen. Sie können **ABER AUCH** zum Beispiel **HÜHNER** oder **MÄUSE** durch Ihren Garten flitzen lassen.

Laminierte Hasen

Ein Riesenspaß, nicht nur an Ostern! Lassen Sie Ihre Kinder lustige Tiere malen und Sie lassen sie dann über die Wiese hoppeln. Mit dem Laminiergerät werden die Kinderzeichnungen für draußen haltbar gemacht, sodass sich alle lange darüber freuen können.

1 Lassen Sie Ihre Kinder je nach Alter die Vorlagen ausmalen oder eigene Motive kreieren und schneiden Sie die Häschen aus.

2 Die Zeichnung in die Laminierfolie stecken und nach Herstellerangaben ins Laminiergerät schieben. Hier wird dann die Folie verschweißt und das Blatt Papier eingeschlossen. Schneiden Sie anschließend das Motiv mit einer Zugabe von rund 0,5 cm aus, sodass um das Motiv ringsherum ein kleiner durchsichtiger, fest verschweißter Folienrand stehen bleibt. So kann im Garten keine Feuchtigkeit zwischen die Folienschichten dringen.

3 Mit transparenten Klebestreifen kleben Sie nun die Hasen oder andere Tiere an Schaschlikspieße und piken sie in die Wiese.

Das brauchen Sie

- A4-Kopien der Vorlagen von Seite 158 oder eigene Motive
- Wasserfarben, Bunt- oder Filzstifte
- Pinsel
- Schere
- Laminierfolie
- Laminiergerät
- Schaschlikspieße
- Klebestreifen

Mein Tipp

Sehr schön sieht matte Laminierfolie aus. Da spiegeln die Tiermotive nicht so stark im Sonnenlicht.

Eine SCHÖNE BESCHÄFTIGUNG, wenn mal wieder das Wetter nicht so recht mitspielt, um draußen Fußball zu spielen.

Marmorierte Ostereier

Die Marmoriertechnik erinnert mich immer an meine Schulzeit. Aber auch heute beschäftige ich mich noch gerne damit. Meinen Kindern macht es ebenfalls Spaß mitzuklecksen. So haben wir mit vereinten Kräften in Windeseile Eier für einen ganzen Osterstrauch zusammen.

Das brauchen Sie

- Ostereier aus Plastik
- Marmorierfarben (aus dem Bastelladen)
- Plastikgefäß, z. B. leerer 1-l-Joghurtbecher
- Schaschlikspieße
- Stück Styropor®, Steckschaum oder Gefäß mit Sand
- Bänder, Perlen, Federn etc. zum Verzieren
- Alleskleber
- Draht

Gut, dass ich für jedes Ei Gelb verwendet habe. Jetzt **LEUCHTEN** die Eier mit dem Forsythienstrauch **UM DIE WETTE**.

1 Füllen Sie Wasser in ein Gefäß, das so groß ist, dass ein Ei vollkommen eingetaucht werden kann ohne anzustoßen. Wenn Sie das Gefäß zu klein wählen, wird das Ei nicht auf allen Seiten eingefärbt; wenn es zu groß ist, verschwenden Sie Farbe. Tröpfeln Sie Marmorierfarben in verschiedenen Farben nacheinander auf das Wasser. Die Farbe legt sich wie ein Film auf das Wasser. Wenn Sie mögen, können Sie mit einem Schaschlikspieß Muster einziehen.

2 Stecken Sie ein sauberes Plastikei (es ist meist bereits mit einem Loch versehen) auf einen Schaschlikspieß und tauchen Sie es vorsichtig und langsam ins Wasser ein, bis es einmal komplett untergetaucht ist. Dadurch legt sich eine Farbschicht auf das Ei. Pusten Sie auf die Wasseroberfläche, damit sich der Farbfilm teilt, und ziehen Sie das Ei schnell heraus. Dadurch verhindern Sie, dass sich zwei Marmorierschichten auf dem Ei übereinanderlegen. Den Schaschlikspieß in Styropor® oder Sand stecken, damit das Ei trocknen kann.

3 Jetzt können Sie das Ei mit Bändern, Perlen und Federn schmücken. Alles, was Sie ringsherum befestigen möchten, kleben Sie mit Alleskleber an. Möchten Sie Bänder durch das Ei hindurchziehen, gibt es einen Kniff: Biegen Sie ein Stück Draht, das mehr als doppelt so lang ist wie das Ei, in der Mitte. Schieben Sie es von oben durch das Ei hindurch, mit dem Knick voran. Schaut er unten aus dem Ei heraus, legen Sie die Bänder in den Knick und ziehen den Draht wieder nach oben heraus. Aufpassen, dass die Enden der Bänder unten heraushängen bleiben und nicht wieder komplett mit nach oben gezogen werden. Dann können Sie Federn oder Perlen unten an die Bänder knoten und oben eine Aufhängeschlaufe binden. Der Draht wird entfernt, er ist nur ein Hilfsmittel zum Durchfädeln.

Ostereier **per Express**

Dieser Osterschmuck ist der absolute Blickfang! Und das Beste ist, es sind Ideen für die letzte Minute. Lassen Sie sich inspirieren und schauen Sie in Ihre Krimskrams-Schubladen und Schatzkästchen, welche Utensilien sich zum Aufpeppen von schlichten weißen Eiern eignen.

Das brauchen Sie

- Ostereier aus Plastik
- Verzierungen wie selbstklebende Wackelaugen, Knöpfe, Millefiori-Perlen
- Nagellack
- evtl. Acrylfarbe
- Klebepistole
- Alleskleber
- dünner Draht
- evtl. Pinsel
- Band zum Aufhängen

1 Kleben Sie Millefiori- Perlen oder Knöpfe mit der Heißklebepistole auf die Eier. Auf Wunsch können Sie die Eier vorher farbig grundieren.

2 Wenn Sie selbstklebende Wackelaugen auf Ihr Ei bringen möchten, sichern Sie sie zusätzlich mit etwas Kleber. Nehmen Sie statt der Heißklebepistole lieber Alleskleber, denn die große Hitze könnte die dünnen Plastikaugen ansengen.

3 Nagellacke, besonders die in knalligen Modefarben, sind ebenfalls gut geeignet, Plastikostereier zu verzieren.

4 Die Bänder zum Aufhängen werden wie auf Seite 114 beschrieben mithilfe eines Stück Drahts durch die Eier gefädelt und unten verknotet.

Mein Tipp

Wenn Sie die Eier zusammen mit Kindern basteln, nehmen Sie am besten eine Niedrigtemperatur-Klebepistole. Die wird nicht ganz so heiß. Aber trotzdem bitte Vorsicht, sie ist immer noch sehr warm.

Die **WACKELAUGEN-EIER** sind die Favoriten meiner Söhne.

MILLEFIORI-PERLEN sind kleine kunstvolle Glasgebilde mit winzigen mehrfarbigen Mustern darin.

Alles, was die **KNÖPFESAMMLUNG** hergibt, kommt ans Ei!

Die Pünktchen auf dem Ei habe ich mit zwei verschiedenen **NAGELLACKEN** aufgetupft.

Die Vornamen aller Hausbewohner stehen in Weiß auf den Stiften – wie der Markenname bei echten Buntstiften.

Buntstiftetor **mit Namen**

Mein Tor mit den Buntstiften ist richtig berühmt, viele haben es schon nachgemacht. Ich hatte verschieden lange Palisaden einfach mit der Spitze nach oben an einen Metallrahmen vom Schlosser geschraubt. Zuvor wurden Sie mit wetterfestem Acryllack bemalt und mit Bootslack versiegelt. Zusätzlich sind noch leere, aufgeschnittene Konservendosen aufgenagelt, sie sehen aus wie die Radiergummi-Manschetten. Fehlen nur noch unsere Namen auf dem Tor …

Das brauchen Sie

- Ausdruck des Namens in gewünschter Größe und Schriftart
- Moosgummi
- Klebestift
- kleine Schere
- fester Pappkarton
- Holzklötzchen, Pappe o. Ä. als Griff
- Alleskleber
- wetterfester Acryllack in Weiß
- kleine Lackierrolle
- Pappteller

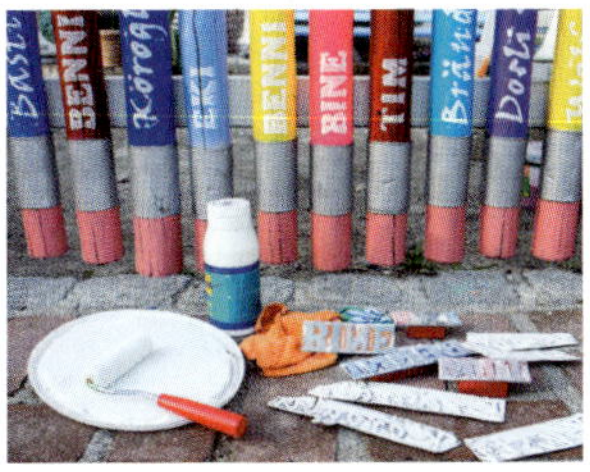

1 Kleben Sie den Ausdruck des Namens provisorisch mit einem Klebestift auf Moosgummi und schneiden Sie die Buchstaben mit der Schere aus. Dann ziehen Sie das Papier wieder ab. Nun kleben Sie die Buchstaben spiegelverkehrt mit Alleskleber auf das Stück Pappkarton. Auf der Rückseite noch ein Klötzchen oder einen Pappstreifen als Griff ankleben und fertig ist der XXL-Stempel.

2 Gießen Sie etwas Lack auf den Pappteller, benetzen Sie die Lackierrolle damit und rollen Sie den Lack dünn auf den Stempel. Trägt man ihn nämlich mit der Rolle auf dem Stempel auf, statt ihn in die Farbe zu tunken, wird der Abdruck wesentlich gleichmäßiger. Drucken Sie nun die Namen an den Zaun.

3 Um die Schrift zu schützen, empfiehlt es sich sie nach dem Trocknen des Lacks dreimal mit Bootslack zu versiegeln. Zwischen den Anstrichen jeweils gut trocknen lassen.

Mein Tipp

Falls Sie die Buchstaben in Schwarz haben möchten, können Sie natürlich schwarzen Lack verwenden. Oder Sie übertragen die Schrift mit der Transfertechnik, wie auf Seite 31 beschrieben.

Das ANMALEN DER SPITZE ALS MINE nicht vergessen!

Auch einen RADIERGUMMI kann man aus Holz bauen, anmalen und ans Tor schrauben.

Windlichter aus Kaffeefiltern

Ich liebe es, Dinge des täglichen Gebrauchs zu zweckentfremden und sie für schöne Dekoideen zu nutzen. Ich zeige Ihnen hier zwei Varianten zum Basteln mit ganz normalen Kaffeefiltern aus Papier.

Das ist Variante 1 des Windlichts: Der Rand der Papierhüllen um die Windlichtgläser ist **WIE EINE KRONE** eingeschnitten.

Das brauchen Sie

- Kaffeefilter
- niedrige Gläschen oder Windlichter mit Teelicht
- Tusche
- kleine Schale
- Teller
- Schere

Mir gefällt der Farbverlauf der Tusche-Windlichter: Am Rand haben sie mehr Farbe abbekommen, zur Mitte hin wird der Ton immer heller.

1 Für die erste Variante brauchen Sie nur Kaffeefilter und eine Schere. Falten Sie den Filter zur Hälfte und dann noch ein zweites Mal, sodass der Boden des Filters immer übereinander liegen bleibt. Nun schneiden Sie am oberen Rand des Filters eine schöne Borte, Zickzack oder Löcher ein. Sie können auch Löcher kurz unter dem Rand ausschneiden. Wenn Sie den Filter nun auffalten, haben Sie einen schön gemusterten Rand. Stellen Sie das Gläschen mit Teelicht hinein und fertig ist das erste verzierte Licht.

2 Bei der zweiten Variante geben Sie Wasser und etwas Tusche in eine kleine Schale oder ein Glas. Rollen Sie den Filter zusammen, tunken Sie ihn in das gefärbte Wasser ein und lassen Sie das Filterpapier die Farbe aufsaugen und hochziehen. Wenn Sie möchten, können Sie die andere Seite in eine weitere Farbe tunken, dann erhalten Sie einen Farbverlauf auf Ihrem Windlicht. Zum Trocknen auf einen Teller legen. Auch hier wieder ein Gläschen hineinstellen.

Blütenlichter am Stiel

Das brauchen Sie

- Pappbecher
- Korken
- Weidenstöcke, Bambusstäbe o. Ä.
- Heißklebepistole
- spitzes Messer oder Akkubohrer
- Schere

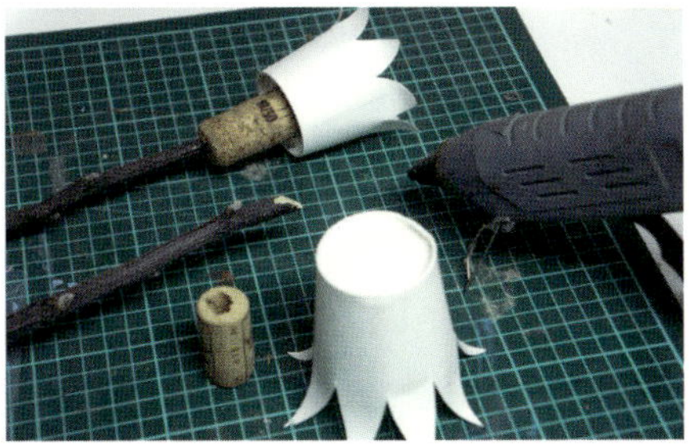

Pappbecher, Korken und ein Stock – mehr braucht man nicht für diese charmant-schlichten Windlichter.

1 Schneiden Sie die Pappbecher am oberen Rand zickzackförmig ein. Bohren Sie an einem Ende der Korken ein Loch oder kerben Sie es mit dem Messer ein. Kleben Sie das andere Ende des Korkens unter den Pappbecher und stecken Sie den Weidenstock oder einen anderen Stab in das Loch im Korken.

2 Setzen Sie Teelichter hinein und fertig ist das Lichtermeer – am Stiel und mit Stil!

Mein Tipp

Pappbecher gibt es auch in bunten Farben mit ganz tollen Mustern. Aber auch in schlichtem Weiß finde ich sie toll, sie schimmern sehr edel.

Für ein Fest kann man in kurzer Zeit sehr viele dieser schlichten Lichter herstellen, denn gerade in der Masse wirken sie besonders toll. Obwohl sie aus Pappbechern hergestellt sind, halten sie Wind und Wetter überraschend gut stand. Bei mir haben sie den ganzen Sommer über gehalten.

Die Lichter standen einen GANZEN SOMMER in meinem Garten. Nach einem Regenguss habe ich sie ausgekippt und schon konnten sie – mit neuen Teelichtern bestückt – die nächste Sommerparty beleuchten.

Leuchtende **Sterne im Schnee**

Diese Idee funktioniert nur, wenn mindestens 20 cm hoch Schnee liegt. Das Schöne an den Sternen ist, finde ich, dass sie so vergänglich sind: Für kurze Zeit ist ihre Zackensilhouette erkennbar, dann werden es runde Bollen im Schnee und in einigen Tagen, manchmal in wenigen Stunden ist nichts mehr erkennbar …

Das brauchen Sie

- feste Pappe
- Sternvorlage von Seite 156
- Pappröhre, z. B. von einer Küchenrolle
- Klebepistole
- Schere
- weiße Grablichter

1 Übertragen Sie die Sternvorlage (Seite 156) auf feste Pappe und schneiden Sie sie aus.

2 Schneiden Sie die Pappröhre an einem Ende leicht zackenförmig ein und biegen Sie die Zacken nach außen. Kleben Sie die Zacken als Griff mittig an den Stern. Und schmieren Sie die Nahtstelle gut mit dem Heißkleber ein, damit der Sternenstempel beim Herausziehen aus dem Schnee auch zusammenhält.

3 Drücken Sie die Sternform in den Schnee. Ziehen Sie Ihren „Schneestempel" wieder vorsichtig heraus und stellen Sie anschließend ein Grablicht in die Vertiefung.

Am besten Sie platzieren die Sternenlichter **ENTLANG DES WEGES**, denn beim Stempeln und Anzünden hinterlasse ja auch ich Fußspuren. Auf dem Weg fällt es nicht so auf.

Diese Sternenlichter sehen **BESONDERS SCHÖN** in Massen und natürlich abends aus.

Sterne für den **Winterbalkon**

Während im Sommer auf meinem Balkon bunte Blumen um die Wette strahlen, sieht es im Winter schon etwas trostloser aus. Einen wunderschönen Ersatz für meine Sommerblumen sind aber diese Sterne aus Schmelzgranulat. Besonders schön leuchten Sie im weißen Schneegestöber.

Das brauchen Sie

- Plastikgranulat in verschiedenen Farben
- Plätzchenausstecher in Sternform in verschiedenen Größen
- Löffel
- Backofen plus Backblech
- Alufolie
- Nadel
- Feuerzeug
- Schere
- Nylonschnur
- Bambusstäbe
- Heißklebepistole

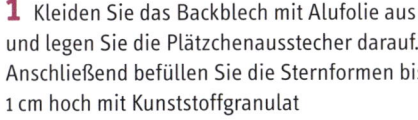

1 Kleiden Sie das Backblech mit Alufolie aus und legen Sie die Plätzchenausstecher darauf. Anschließend befüllen Sie die Sternformen bis 1 cm hoch mit Kunststoffgranulat

2 Nun das Granulat bei etwa 180 Grad im Backofen schmelzen. Öffnen Sie dabei das Fenster. Das Material ist zwar nicht giftig, riecht aber beim Erhitzen unangenehm.

3 Sobald der Kunststoff zu einer glasähnlichen Masse geschmolzen ist, können Sie die Gussform aus dem Ofen nehmen – soll die Körnerstruktur sichtbar bleiben, schon etwas früher. Die abgekühlten Sterne nun aus der Form herauslösen.

4 Wenn Sie die Sterne in als Baumschmuck verwenden möchten, bohren Sie ein Loch in eine der Zacken. Dafür eine Nadel über einer Feuerzeugflamme erhitzen und in den Stern hineinbohren.

5 Für die Stecker werden einfach die Bambusstäbe mit einem Tropfen Heißkleber an den Sternen fixiert.

Die Stecker bringen **FARBE** in meine – im Winter doch eher farblosen – Balkonkästen.

Bunte **Eiswindlichter**

Wenn es so richtig kalt draußen ist, mache ich gerne Wasserbomben. Bei den eisigen Temperaturen? – Ja, dann erst recht! Ich lasse sie jedoch nicht vom Balkon platschen, sondern kreiere zauberhafte farbige Windlichter daraus.

Sie können die Eiswindlichter natürlich auch en nature lassen, aber ich finde mit ein paar Tropfen **FARBE** bekommen Sie eine ganz **BESONDERE AUSSTRAHLUNG**.

Das brauchen Sie

- Luftballons
- bunte Tinte oder Tusche
- evtl. Pipette
- Teelichter

Die Luftballons liegen **IM SCHNEE** und warten, dass ihr Inhalt gefriert. Schon das sieht toll aus!

1 Füllen Sie die Luftballons mit Wasser und geben Sie ein paar Tröpfchen Farbe hinzu. Das geht mit einer Pipette ganz gut. Knoten Sie die Ballons zu. Dann einfach draußen hinlegen und gefrieren lassen. Das klappt natürlich auch im Gefrierschrank. Die Schalenform für die Windlichter entsteht beim Gefrieren von ganz allein.

2 Ist alles fest gefroren, brauchen Sie den Luftballon nur noch kaputt zu machen und die Reste zu entfernen. Übrig bleibt eine bunte Eiskugel. Zum Schluss stellen Sie noch ein Teelicht in die Eisform.

Mein Tipp

Wer viele unterschiedlich gefärbte Eiswindlichter machen möchte, kann sich farbige Tintenpatronen besorgen. Die gibt es kunterbunt gemischt im Schreibwarenladen.

Schneebälle selbst gemacht

Wenn es draußen nicht so kräftig schneit, wie es sich meine Kinder wünschen, dann helfen wir eben ein bisschen nach. Eine Schneeballschlacht kann man mit den selbst gebastelten Bällen zwar nicht machen, aber sie tauchen jeden Baum und größeren Strauch, die Pergola oder das Balkongeländer in winterliche Stimmung.

Das brauchen Sie

- Styroporkugeln, ø 5–10 cm
- Tüte Kunstschnee
- wasserfester Holzleim
- Einweghandschuhe
- 2 alte Schüsseln
- kleine Ringschrauben als Aufhängung
- weißes Band

1 Bestreichen Sie die Styroporkugeln mit dem Holzleim. Das geht am besten, wenn Sie über einer alten Schüssel die Kugeln direkt mit den Händen mit Leim beschmieren, tragen Sie dabei aber bitte Einweghandschuhe.

2 Jetzt umhüllen Sie in einer zweiten Schüssel die Bälle mit Kunstschnee – das erinnert ein wenig an Schnitzel panieren. Stecken Sie jeweils eine kleine Ringschraube in eine Kugel und legen Sie sie zum Trocknen.

3 Zum Schluss das weiße Band durch den Haken ziehen und die Schneebälle aufhängen.

ALLE MATERIALIEN für die Schneebälle bekommen Sie im Bastelladen oder Baumarkt.

Die Schneebälle **WIRKEN TOLL IN DER MASSE.** Klasse ist es natürlich auch, wenn Frau Holle mitspielt und ringsherum echter Schnee liegt.

Weitere Ideen

TISCHDECKEN-BESCHWERER

Wer kennt das nicht? Ein Windstoß und die Tischdecke liegt nicht mehr auf dem Tisch sondern auf dem Rasen. Diese hübschen Beschwerer sorgen dafür, dass alles an seinem Platz bleibt. Die Steine wurden mit Serviettentechnik bearbeitet (siehe Seite 109) und mit Aludraht umwickelt. Die Klammern gibt es bei IKEA in der Vorhangabteilung zu kaufen.

GEPUNKTETES Windlicht

Hängende Windlichter lassen sich schnell und einfach aus Gläsern und Aludraht herstellen. Die Halterung wird aus buntem Aludraht gebogen. Achten Sie darauf, dass das Glas darin einen guten Halt hat. Das Glas selbst verzieren Sie mit bunten Klebepunkten oder Masking Tape. Ein Teelicht einstellen und schon ist das Windlicht einsatzbereit.

MONSTER-Parade

Nicht nur an Ostern finden sich bei uns freche Besucher im Garten und in unseren Blumentöpfen. Auf Seite 113 können Sie nachlesen, wie diese lustigen Gesellen dank Laminiergerät entstehen. Die Vorlagen für die Monster und die Frösche finden Sie auf Seite 159.

FARBTUPFER

Im weißen Schnee leuchten diese Farbtupfer besonders schön. Die Christbaumkugeln habe ich mit Pailletten, Glitzersteinen und Heißkleber verziert. Mit bunten Bändern hängen Sie an den kahlen Ästen unserer Bäume. Das Windlicht haben meine Jungs gebastelt. Dafür habe ich die buntesten Masking Tapes aus meinem Bastelfundus zusammengesucht.

STERNENZAUBER

In der Adventszeit wird der Garten natürlich weihnachtlich geschmückt. Selbst gemachte Dekorationen sollten allerdings gerade in der Winterzeit Wind und Wetter standhalten. Ein Laminiergerät eröffnet hier viele Möglichkeiten. Die Faltschnittsterne haben meine Jungs und ich aus buntem Papier ausgeschnitten und dann laminiert. Zusammen mit einer Lichterkette und bunten Kugeln bringen sie unsere kleine Tanne zum Strahlen.

Spielereien & Kinderträume

ICH LIEBE MEINE JUNGS! Viele Bastelideen setze ich mit ihnen gemeinsam um. Besonders meinem jüngeren Sohn Tim scheine ich das Handwerker-Gen vererbt zu haben. Er sammelt leidenschaftlich Akku-Bohrer! Bei der Gestaltung unseres Gartens wollte ich vor allem für die Kinder einen Bereich schaffen, in dem sie sich austoben können. So entstand ein kleiner Abenteuerspielplatz mit großem Sandkasten. Natürlich hat nicht jeder den Platz für so ein großes Projekt, doch schon ein kleines Häuschen, eine Schaukel oder ein Kletterbaum können Kinderaugen zum Leuchten bringen – für mich der größte Lohn für meine Arbeit!

Das Grundgerüst besteht aus fetten Holzbalken, die ganz gerade und stabil zu Ebenen verbaut wurden. **SICHERHEIT** hatte immer **PRIORITÄT.** Der schiefe und **IMPROVISIERTE CHARAKTER** entsteht lediglich durch die Verkleidung mit bunt bemalten und bestempelten krummen Brettern.

Ein Traum für Kinder

... das sagen zumindest meine Jungs. Und ehrlich gesagt war es auch ein Kindheitstraum von mir, solch ein individueller kunterbunter Abenteuerspielplatz. Eine einfache Spiellandschaft stand schon seit einiger Zeit in unserem Garten. Aber vor kurzem packte mich die Lust, sie komplett aufzumöbeln und zu erweitern. Der nahe Mirabellenbaum und das Dach des Gartenhäuschens sollten integriert werden. Brücken gehen nun durch den Baum und auf die verschiedenen Ebenen der Konstruktion; Leitern und Rutschen führen wieder nach unten. Und zum Schluss durfte mein Markenzeichen natürlich nicht fehlen: Farbe, Farbe, Farbe!

1 Um den Spielplatz herum habe ich Baumstammabschnitte einbetoniert. Ich habe sie direkt beim Förster bestellt. Das Holz kauft man dort kubikmeterweise direkt aus dem Wald.

2 So kreativ und bunt zusammengewürfelt das Ergebnis auch aussieht, ich plane und sortiere vorher sehr genau. (Was aber nicht heißt, dass ich während des Bauens nicht noch einmal spontan umschwenke.)

3 Neben den sogenannten Schwarten, also unbesäumten Brettern, verwendete ich auch Balkonzierbretter, mit denen oft Geländer verkleidet werden, aus dem Baumarkt.

4 Die gesamte Konstruktion ist zweimal mit weißer Wetterschutzfarbe gestrichen und hinterher noch zweimal mit Bootslack versiegelt, damit das Kunstwerk auch lange hält.

5 Die Auswahl des Sandes war gar nicht so einfach: Ich hatte Sand-Proben aus vier verschiedenen Kieswerken geholt und meine Kinder zu Hause testen lassen. Die Wahl der kleinen Experten fiel auf den feinsten, zweimal gewaschenen Kabelsand, da er den Sandburgenbau-Test mit Bestnoten bestanden hatte.

Verwandte fragten uns damals, warum wir die scheußlich alten, abgeblätterten Fenster in das schöne neue Häuschen einbauen wollten. Nun, nachdem die Fenster abgeschliffen und neu gestrichen sind, verstehen sie warum: **ES IST DER CHARME!**

Garten**häuschen**

Die meisten Menschen, die ein individuelles Häuschen für Gartengeräte, den Grill und Klappstühle möchten, kaufen sich einen kleinen Fertig-Holzschuppen und statten ihn mit schönen Kleinigkeiten aus: vielleicht mit ein paar Blumenkästen, einem Fenster vom Flohmarkt, das sie in die Tür integrieren, mit Rankspalieren für eine Rose … Sie halten die Augen offen, welche Fundstücke sie noch ergattern und später am Häuschen ergänzen könnten. Ich habe das Pferd von hinten aufgezäumt. Ich hatte wunderschöne über 150 Jahre alte Fenster von unserem Wohnhaus aufgehoben. Als wir hier einzogen, entsprachen die Holzfenster nicht den heutigen Standards, also bauten wir sie aus. Zum Wegwerfen waren sie viel zu schade, also bewahrten wir sie auf. Mehrere Jahre später, als ich unbedingt eine trockene Abstellmöglichkeit im Garten brauchte, schlug die große Stunde der alten Fenster: Ich schneiderte Ihnen ein komplettes Häuschen auf den hölzernen Leib!

1 Das war der Ausgangspunkt der ganzen Gartenhäuschen-Idee: ein etwa 150 Jahre altes Holzfenster.

2 Die Tür habe ich selbst gebaut nach dem Muster einer geraden, schnörkellosen Stalltür.

3 Die Rundungen und Streifen sind nur aufgemalt, damit die Tür zu den Fenstern passt. Die Griffe sind eigentlich Garderobenknäufe.

4 Das Blau der Hütte ist übrigens genau die Farbe meines Lieblingsnagellacks. Meine lackierten Fingernägel hatte ich im Baumarkt ja naturgemäß dabei und ließ danach die wetterfeste Acrylfarbe anmischen. Aber Achtung: Auf großen Flächen wirken Farben immer dunkler und intensiver als auf kleinen.

5 Hier erkennt man, dass das Häuschen mit in den Abenteuerspielplatz integriert wurde: Die Leiter am Baumstamm führt direkt aufs Dach.

6 Mein Gartenhäuschen als Schuppen zu bezeichnen, wird dem kleinen Kunstwerk nicht gerecht, das merkt man besonders bei „Festbeleuchtung".

Sandspielereien

Was gibt es tolleres für Kinder als einen riesengroßen Sandberg? Einmal hatte mein Papa, alias „Superopa“, einen Lastwagen voller Sand bestellt und ihn mitten in unsere Einfahrt kippen lassen. Nicht etwa, dass wir den Sand für ein Bauvorhaben gebraucht hätten. Nein, seine Enkel wollten Sand zum Spielen, also haben sie welchen bekommen. Auf Dauer konnten wir den Sand nicht in der Einfahrt lassen. Schlussendlich habe ich ihn verbaut – in meinen vielen Beton-Ideen … Aber mir war klar, wir brauchen einen großen Sandberg, dauerhaft und formvollendet – und an praktischerer Stelle. So habe ich unseren Spielplatz neu geplant, wie man auf Seite 10 sehen kann, mit großem Sandbereich.

Ja, auch **SOLCH HOHE SANDBURGEN** sind im **HEIMISCHEN SANDPLATZ** möglich. Das Rauschen der Meereswellen muss man sich selbst hinzudenken.

Aber nicht irgendeinen Sand! Es galt „Superopa" zu übertrumpfen. Also wollte ich den tollsten Spielsand für meine Buben besorgen, den wir je hatten. Das ist gar nicht so einfach wie es klingt. Jede Sandgrube fördert anderen Sand, muss man wissen. Ich habe zuerst im Internet die Sandgruben in unserer Umgebung ausgekundschaftet und bin letztendlich zu vier verschiedenen Sandgruben gefahren und habe Eimerchen mit Sandproben für die Kinder mitgenommen. Die Gespräche mit den Arbeitern und die Fachsimpeleien über Sand waren lustig. Außerdem musste ich Details klären: Wie viel Kubikmeter Sand fasst unser Sandbereich? Was passt auf einen Laster – und passt der Laster durch unser Tor? Auch die Art des Sandes ist wichtig: Für Sandkästen sollte er zweimal gewaschen sein, damit nicht zu viel Dreck in den Hosen hängen bleibt, und die Sandkörner eine Größe von 0–3mm haben (das nennt man Körnung). Meine Jungs haben meine Sandproben getestet: der für sie perfekte Sand war fein und schön klebrig, damit man die größten Burgen bauen und längsten Tunnel graben kann. Sie haben sich für 0–1 mm Kabelsand entschieden. Das ist eigentlich gar kein Spielsand, aber geeignet, da er gewaschen ist. Er wird ursprünglich zum Verlegen von Kabeln im Boden verwendet.

1 Das 1×1 des Sandburgenbaus: Schütten Sie zuerst die grobe Form auf. Besonders stabil wird es, wenn Sie von einem großen geraden Eimer den Boden entfernen. Dann können die Kinder den Sand oben hineinfüllen, festtreten und dann den Eimerrand entfernen.

2 Dann die genaue Form herausarbeiten, indem Sie Überflüssiges wegschnitzen. Wegschnitzen geht immer leichter als das Aufbauen und „Ankleben" von Formen.

3 Tim schnitzt am liebsten „Sanddiamanten". Dafür verwendet er eine kleine Spachtel.

4 Mit einem wasserfesten Marker haben wir Piratengesichter auf wetterfestes Papier (Tyvek®) gemalt. Ein gemustertes Halstuch haben wir in Stücke geschnitten und ebenfalls als Piratenfähnchen an Stöcken befestigt. Stoff lässt sich versteifen, indem man ihn mit einem Gemisch aus Wasser und wasserfestem Holzleim einpinselt. Die nassen Fähnchen auf einer Plastiktüte in Form legen und trocknen lassen. Die Dreiecke hatte ich zuvor an einer Seite eingeschlagen und einen Tunnelzug genäht. Dort kommt dann ein dünner Ast als Stiel hinein.

5 Am besten immer einen Eimer in der Nähe haben. Klebriger Sand lässt sich besser bearbeiten.

6 Meine beiden Architekten planen schon Nebengebäude, geheime Tunnel, einen Wassergraben – und nach dem nächsten Regenschauer die nächste Burg.

Welch herrlicher Farbtupfer im Schnee! Und der **PFOSTEN IM ZUCKERSTANGEN-LOOK** stimmt mich immer schon auf Weihnachten ein.

Windrad aus Plastikflaschen

Ein imposantes Recycling-Kunstwerk für den Vorgarten – das wollte ich schon immer haben. Alte Fahrradfelgen bekommt man beim Recyclinghof oder im Fahrradgeschäft, Flaschen sammeln sich sowieso an. Und mehr braucht man fast nicht für mein Riesenwindrad.

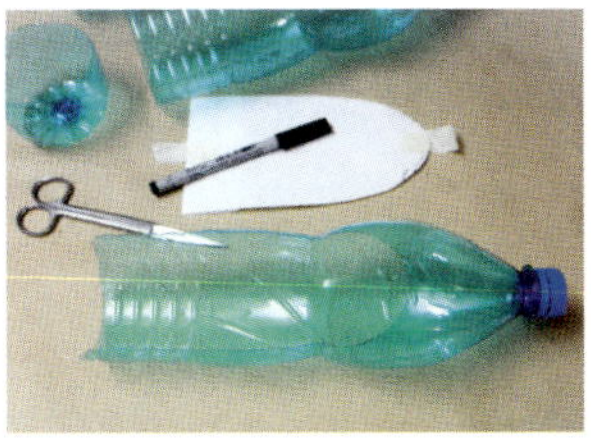

1 Bei der Fahrradfelge darauf achten, dass die Nabe noch intakt und das Kugellager leichtgängig ist. Eventuell können Sie mit etwas Öl nachhelfen. Die Nabe mit der Achse in der Mitte des Rades nicht ausbauen, um diese wird sich später das Windrad drehen. Die Felge reinigen und möglichen Rost abschleifen.

2 Damit man das Rad am Pfosten befestigen kann, muss die Radachse auf einer Seite um ca. 10 cm verlängert werden. Dazu wird die Gewindestange mit einer Metallsäge auf ca. 10 cm gekürzt. Die meisten Fahrradfelgen haben eine Achse, die genau einer Gewindestange M10 entspricht. Da es aber auch andere Felgen gibt, diese am besten zum Probieren mit in den Baumarkt nehmen. In den Pfosten bohren Sie oben ein Loch und stecken dann die Gewindestange hindurch. Von hinten wird die Stange mit einer Unterlegscheibe und Mutter am Pfosten fixiert. Von vorn werden eine Unterlegscheibe und dann die Verbindungsmutter auf die Gewindestange geschraubt. Hier wird dann später das Felgenwindrad montiert.

3 Um die Flaschen, also die „Windradschaufeln“ an der Felge befestigen zu können, müssen rundherum in gleichmäßigem Abstand Löcher in die Felge gebohrt werden. Dazu die Speichen abzählen und mit einem Folienstift die Bohrlöcher markieren: z. B. bei 36 Speichen nach jeder zweiten Speiche ein Loch bohren, das ergibt 18 Löcher für 18 Flaschen. Zum Bohren die Felge im Schraubstock fixieren. Um das harte Metall einfach durchbohren zu können, empfiehlt es sich, zuerst mit einem kleineren Aufsatz (z. B. 4 mm) vorzubohren und danach mit dem 7 mm Bohrer die Löcher für die Maschinenschrauben zu bohren. Die Bohrlöcher mit der Feile glätten.

4 Jetzt als Halterung für die Flaschendeckel die Maschinenschrauben von innen durch die Löcher stecken und außen mit einer Mutter fixieren. Je nach Felge auf jede Schraube noch mal ein, zwei weitere Muttern aufschrauben, damit die Flaschendeckel hoch genug angebracht werden können. Bei der Anzahl an Schrauben und Muttern empfiehlt es sich, einen Akkuschrauber mit passender Nuss zu verwenden, mit einem Schraubenschlüssel gegenhalten.

5 Wer mag, kann die Felge farbig ansprühen. Dazu am besten die Felge draußen aufhängen. Alle Schraubgewinde vorher mit Kreppband abkleben, damit sie keine Farbe abbekommen.

Mein Tipp

PET-Flaschen gibt's in Transparent, Blau und Grün, im Ausland in wesentlich mehr Farben. Meine roten und gelben Flaschen stammen von unserem Italienurlaub. Sie können transparente Flaschen aber auch mit Glasmalfarben anmalen.

Das brauchen Sie

- alte Fahrradfelge vom Vorderrad
- 18 große PET-Flaschen (je nach Felgengröße auch mehr)
- Pallisadenpfosten, ca. 2 m hoch, ø 6–8 cm
- Gewindestange, ø passend zur Achse, z. B. M10 (kann aber je nach Felge variieren)
- zur Gewindestange passende Muttern und eine Verbindungsmutter
- 18 Maschinenschrauben, M6 × 30 (je nach Anzahl der Flaschen auch mehr)
- 36 Unterlegscheiben, so groß, dass sie gerade in die Flaschendeckel passen (je nach Anzahl der Flaschen auch mehr)
- 72 passende Muttern (Menge kann je nach Felgenhöhe auch variieren)
- Bohrmaschine oder Akkuschrauber mit Metallbohraufsätzen, ø ca. 4 und 7 mm, und mit großem Holzbohraufsatz, passend zur Gewindestange
- Schraubenschlüssel, passend für die M6-Maschinenschrauben
- evtl. passender Akkubohrer-Aufsatz, M6-Nuss
- Schraubstock
- Metallsäge
- Feile
- Lackspray für Metall (aus der Autotuningabteilung des Baumarkts) in gewünschter Farbe (für die Felge)
- Acryllackspray in Weiß und Rot (für den Pfosten)
- wasserlöslicher Folienstift
- Kreppklebeband
- Schere
- evtl. Fahrradöl
- evtl. Schleifpapier
- evtl. Blitz- bzw. Schnellzement oder Wackersteine

6 Für das „Zuckerstangenmuster“ den Pfosten weiß grundieren. Nach dem Trocknen Kreppklebeband schräg ansetzen und rundherum um den Pfosten wickeln. Jetzt den Pfosten mit einer anderen Farbe ansprühen. Dazu den Pfosten am besten schon draußen in den Boden stecken. Zum Schluss das Klebeband wieder abziehen.

7 Die PET- Flaschen reinigen und die Etiketten entfernen. Jetzt kommt das Zuschneiden: Die Flaschen mit der Schere so zuschneiden, dass eine Art Schaufelform entsteht. Der Flaschenboden kann dafür ganz abgeschnitten werden oder zur Hälfte stehen bleiben. Aber alle Flaschen möglichst gleich und symmetrisch einschneiden. Am besten, man fertigt sich eine Papierschablone an, fixiert diese mit Kreppband auf der Flasche, fährt die Form mit Folienstift nach und schneidet diese dann mit der Schere heraus.

8 Nun die Flaschendeckel mit dem Akkubohrer lochen. Jetzt auf jede Schraube (mit den drei Muttern darauf) eine Unterlegscheibe, dann den Flaschendeckel und wieder eine Unterlegscheibe aufstecken. Alles mit einer weiteren Mutter fest fixieren.

9 Nun können Sie die PET-Flaschen in die Deckel schrauben. Dabei sollten die „Schaufeln“ alle in die gleiche Richtung zeigen: immer leicht schräg nach vorne. Jetzt das Windrad an der Gewindestange montieren und mithilfe einer Unterlegscheibe und Mutter fixieren.

10 Wer den Pfosten nicht in den Boden eingraben möchte, kann als Halterung z. B. einen großen Blumentopf mit Blitzzement ausgießen oder den Topf mit Wackersteinen füllen.

Glühwürmchen-**Laterne**

Egal, ob süßes Glühwürmchen, böser Moskito oder fliegender Fisch an der Angel – diese Laternen sind kindersicher, wetterfest und schnell mit den Sprösslingen gemeinsam gemacht. Wie wäre es zum Kindergeburtstag einmal eine Mitmach-Aktion zu planen: Flascheninsekten basteln und mit nach Hause nehmen.

Mein Tipp

Steckt man zusätzlich ein Knicklicht durch die Nase des Glühwürmchens, leuchtet es noch mehr!

Gerade am Sankt-Martins-Tag macht diese Bastelei viel her. Dann singen wir eben „ICH GEH' MIT MEINEM GLÜHWÜRMCHEN …"

Das brauchen Sie

- Plastikflaschen: pfandfreie Getränkeflaschen oder andere transparente und halbtransparente Plastikflaschen (Shampoo etc.)
- Pfeifenputzer
- Krimskrams zum Verzieren, wie Moosgummi, Knöpfe, Flaschendeckel, Plastikbesteck, Wackelaugen, kleine Styroporbällchen, bunte Klebebänder, alter Kamm, Teesieb etc.
- dicker, wasserfester Folienstift in Schwarz
- spitze Schere
- Niedrigtemperatur-Klebepistole
- batteriebetriebener Laternenstab mit Glühbirne

1 Eine Flasche bildet den Körper des Insekts, der Flaschenhals ist die Nase. Zeichnen Sie mit dem Folienstift schwarze Pupillen auf zwei Styroporkugeln und kleben Sie diese als Augen mit der Klebepistole auf die Flasche. Den Mund ebenfalls mit Folienstift direkt auf die Flasche zeichnen.

2 Kleben Sie unten an die Flasche Pfeifenputzer als Beine. Die Flügel schneiden Sie aus einer zweiten Plastikflasche heraus und befestigen Sie oben auf dem Körper. Nun können Sie das Tierchen nach Herzenslust weiter mit Streifen, Fühlern und anderen Nettigkeiten verzieren.

3 Stechen Sie zum Schluss oben am Schwerpunkt der Figur, etwa im vordere Drittel der Flasche, ein Loch ein und schneiden Sie dann dort mit einer spitzen Schere ein Kreuz ein. Hier kann das Glühbirnchen des Laternenstabs durchgesteckt werden.

Windspiel aus Plastikflaschen

Sie flattern lustig im Wind und machen gute Laune, diese bunten Windspiele. Erst auf den zweiten Blick sieht man, dass sie aus ganz normalen Plastikflaschen entstanden sind. Sie sind einfach zu basteln. Das Wichtigste ist nur, dass ihre Flügelchen schräg abstehen, dann drehen sie sich im Wind.

Das Windspiel **TANZT** fast immer in der Luft, denn die **PLASTIKTEILE SIND SO LEICHT**, dass jedes kleinste Lüftchen eine Bewegung auslöst.

Das brauchen Sie

- kleine Plastikflaschen in verschiedenen Farben
- große Perlen aus Plastik oder Holz
- Plastiktüten (in Streifen geschnitten)
- dünner, stabiler Draht
- Stab oder stabiler Ast zum Aufhängen
- spitze Schere
- evtl. wasserlöslicher Folienstift

1 Schneiden Sie die Flaschen etwa in der Mitte durch. Schneiden Sie dann die Flaschenteile am Rand gleichmäßig ein. Eventuell hilft ein Folienstift beim Übertragen der gleichmäßigen Abstände von einer Vorlage auf das Plastik. Nachdem Sie eingeschnitten haben, biegen und knicken Sie die so entstandenen Streifen etwa im 45 Grad Winkel nach außen.

2 Zum Aufhängen der Teile schrauben Sie die Verschlüsse ab und durchbohren sie mit der Schere. Fädeln Sie eine Perle auf den Draht und stechen Sie mit dem Draht erneut von unten durch das Loch, sodass die Perle festsitzt. Dann fädeln Sie einen Flaschenteil auf. Weiter oben am selben Draht verhaken Sie auf die gleiche Weise erneut eine Perle und fädeln ein weiteres Flaschenteil auf.

3 So verfahren Sie, bis drei oder vier Plastikteile untereinander auf dem Draht baumeln. Die Perlen bilden jeweils die Stopper, damit die Flaschenhälften nicht nach unten rutschen. Hinter dem letzten Flaschenteil binden Sie die Plastikstreifen am Draht fest.

4 Binden Sie das andere Drahtende an einen Stab und stecken ihn leicht schräg in den Boden.

Riesengroßer **Flugdrachen**

Ich kann mich einfach nicht entscheiden, welche Jahreszeit mir am liebsten ist. Der Frühling, wenn (endlich auch in meinem Garten) die Blumen blühen oder der Herbst, wenn sich das Laub bunt verfärbt und selbst gebaute Drachen den Himmel erobern.

1 Die drei Leisten zum Drachengerüst zusammenkleben. Die 1 m lange Leiste ist die Mittelachse des Drachens, auf die die beiden kürzeren Leisten mittig geklebt werden: die eine am unteren Ende als Querleiste, die obere Leiste 20 cm nach unten eingerückt (siehe Skizze Seite 156). Die zwei Klebepunkte zusätzlich mit fester Schnur umwickeln und festkleben.

2 Jetzt wird das Gerüst mit einer Schnur umspannt, sodass der Stoff später Halt hat. Dazu kerben Sie vorher die Leisten an den Enden mit einem Messer ein, damit Sie die Schnur gut herumspannen können. Die Schnur festziehen und verknoten.

3 Das fertige Drachengerippe auf das Stück weißen Stoff legen und ihn mit 2 cm Zugabe rundum zuschneiden. Jetzt die Ränder des Stoffs mit Alleskleber bestreichen und an der unteren Leiste und an den Spannschnüren festkleben. Darauf achten, dass der Stoff nicht durchhängt. Nun den Drachen bunt bemalen.

4 Für den Schwanz mehrere ca. 50 cm breite Stoffstreifen aneinanderkleben oder -nähen. Der oberste Streifen muss 90 cm lang sein, nach unten hin werden die Streifen immer dünner. Nach ca. 5 m läuft der Schwanz spitz zu.

5 Nun kommt der spannendste Teil: das Befestigen der Drachenschnur. An den beiden Kreuzungspunkten der Leisten wird die 2–2,50 m lange Halteschnur für die Drachenschnur befestigt. Die Halteschnur durch die Stoffbespannung hindurchfädeln und hinten an den Kreuzungspunkten der Leisten festbinden. Nun befindet sich die Halteschnur, wie auf den Fotos zu sehen, vorne. Das bedeutet, dass das Drachengesicht nachher vom Boden aus zu sehen ist und die Leisten auf der Rückseite sind.

6 Die Drachenschnur so an der Halteschnur festbinden, dass der leicht angehobene Drachen einen Winkel von 20–30° zum Boden bildet.

Das brauchen Sie

- 2 Leisten, ca. 1,5 × 0,5 cm, 90 cm lang
- 1 Leiste, ca. 1,5 × 0,5 cm, 1 m lang
- Alleskleber
- feste Schnur
- scharfes Messer
- weißer Futterstoff oder Tyvek®, ca. 1 × 1,10 m
- Schere
- verdünnte Acrylfarbe
- Pinsel
- mehrere Stücke von buntem Futterstoff oder leichte Stoffreste
- evtl. Nähmaschine
- Drachenschnur
- Skizze Seite 156

Mit einem AUFGEMALTEN GESICHT bekommt der Drachen richtig Persönlichkeit.

Ich bin ganz froh, wenn die Jungs mal keine Lust auf **DRACHENSTEIGEN** haben. Dann darf ich auch mal an die Schnur.

Flugdrache aus Plastiktüten

Dieser Drachen ist einfach und stabil zu fliegen. Schon bei leichtem Wind beginnt er seinen Tanz in der Luft. Da wird man doch glatt wieder zum Kind ...

Das brauchen Sie

- dicke Trinkhalme
- leichte Plastiktüten oder kleine, leichte Müllsäcke
- eine Spule Schnur, z. B. Drachenschnur
- große Nähnadel
- Klebestreifen
- Schere

1 Zuerst die kurzen Enden mit dem Knick von den Strohhalmen abschneiden.

2 Für einen Tetraeder (eine Pyramide, die aus insgesamt vier Dreiecken besteht) binden Sie zuerst drei Halme mit der Schnur zu einem Dreieck zusammen. Dafür die Schnur mit einer dicken Nähnadel durch die Halme fallen lassen. Das Ende der Schnur fest verknoten, aber nicht zu kurz abschneiden, damit man die einzelnen Pyramiden später untereinander verknoten kann.

3 Jetzt noch zwei weitere Halme anbinden, um ein zweites Dreieck zu bilden. Ein weiterer einzeln angebundener Halm macht die Dreieckspyramide komplett. Das vierte Dreieck entsteht automatisch am Boden der Pyramide. Auf diese Weise vier Tetraeder bauen.

4 Jetzt müssen Sie je zwei der vier Dreiecksseiten jedes Tetraeders mit einem Stück Tüte verkleiden. Dafür Dreiecksform und Größe auf die Tüten übertragen und mit ein wenig Zugabe ausschneiden, damit die Folie um die Halme geschlagen und mit Klebestreifen festgeklebt werden kann. Die zwei anderen Dreiecksseiten bleiben offen.

5 Die vier Tetraeder zu einem einzigen, großen Tetraeder anordnen. Achten Sie darauf, dass die Mülltütenverkleidung jedes kleinen Tetraeders in die gleiche Richtung zeigt. Jetzt alle Ecken fest mit der Schnur zusammenknoten.

6 Die Drachenschnur ganz oben an der Spitze, dort, wo zwei verkleidete Dreiecksseiten aneinanderstoßen, festbinden.

Mein Tipp

Bastelt man die Drachen mit Kindern, fertigt man sich vorher besser eine Pappschablone an. Dann können die Kinder die Dreiecke selber umfahren und aus den Tüten ausschneiden.

Natürlich kann man auch mehr als vier TETRAEDER miteinander verbinden.

Weitere Ideen

WIMPELGIRLANDE

Damit unser Abenteuerspielplatz etwas bunter aussieht, habe ich aus alten Stoffresten eine Wimpelkette genäht. Die Kids haben mir beim Zuschneiden der Dreiecke geholfen. Ich habe sie dann nur noch mit einem Schrägband eingefasst und aufgehängt.

SOMMERZELT

Für dieses Zelt haben die Kinder und ich einen weißen Sonnenschirm mit Stoffmalfarbe bemalt. Ebenso haben wir die Stoffbahnen für die Wände angemalt. In dem Zelt lässt es sich prima aushalten und die Erwachsenen müssen draußen bleiben. Für mich machen die Mädels aber eine Ausnahme!

RIESENBAUKLÖTZE

Der Renner bei jedem Straßenfest! Die Holzpfosten aus dem Baumarkt habe ich auf verschiedene Längen zugesägt und die Kanten mit Schleifpapier abgeschmirgelt. Anschließend habe ich sie mit Farbe bemalt. Die perfekten Bauklötze für großartige Türme.

WASSERSPIELE

Im Baumarkt kann man Schläuche als Meterware kaufen. Mein Sohn hat sich verschiedene, besonders schöne Schlauchstücke von der Rolle abgezwickt. Zu Hause haben wir sie in kleinere Stücke zerschnitten. Es macht großen Spaß, diese in eine Wasser-Sand-Landschaft einzubauen. Auch oben aufgeschnittene Flaschen eignen sich prima für kreative Flussläufe.

Lachender KÜRBIS

Im Herbst dekoriere ich gerne mit Kürbissen. Eine schnelle und lustige Variante sind diese Gesellen. Hier muss man nur eine Öffnung für den Mund einschneiden. In den Mund wird ein Plastikgebiss eingesetzt. Dann noch Glasaugen einstecken und schon ist die Halloween-Deko fertig.

Meine Tipps und Tricks

MEINE IDEEN ENTSTEHEN OFT AN GANZ UNGEWÖHNLICHEN ORTEN. Ich lasse mich einfach von den Dingen inspirieren, die ich in meiner Umgebung finde. Das kann im Urlaub am Strand sein oder daheim an meinem Küchentisch, auf dem Spielplatz mit meinen Kindern oder im Baummarkt beim Einkaufen. Manchmal lässt sich die Idee aber nicht so umsetzen, wie ich es mir ursprünglich gedacht habe. Dann improvisiere ich oder versuche eine andere Lösung für das Problem zu finden. Ein paar Materialien und Vorgehensweisen haben sich dabei sehr bewährt.

Meine Tipps und Tricks

Bezugsquellen

Am Liebsten verwende ich Alltägliches für meine kreativen Ideen. Die Materiallisten halte ich gerne so kurz allgemeingültig wie möglich. So wird es nicht unnötig kompliziert und jeder hat genug Spielraum für eigene Ideen und bereits vorhandene Materialien. Über die Jahre habe ich dennoch so einige Materialien entdeckt, die mich – gerade für den Außenbereich – besonders überzeugt haben und zum Teil gar nicht so einfach zu finden waren. Damit sie nicht unnötig lange herum suchen müssen, hier einige Bezugsquellen mit denen ich tolle Erfahrungen gemacht habe:

- „Patio Paint" heißt meine heiß geliebte und allseits verwendete wetterfeste Acrylfarbe. Es gibt sie schon in kleinen Mengen und einer tollen Farbpalette zu kaufen. Türkis und Gold sind meine Favoriten. Ohne „Patio Paint" wäre mein Garten nur halb so bunt. Erhältlich über **www.rayher-hobby.de.** Die Firma Rayher stellt auch alle erdenklichen weiteren Bastelmaterialien her.
- Das Dehner-Gartencenter in Senden war dieses Jahr meine feste Anlaufstelle für regelmäßige „Kurzurlaube". Neben dem riesengroßen Spektrum an Blumen und Pflanzen bin ich auch bei besonderem Zubehör wie z. B. Pflanzgefäßen, Teichpumpen, Wasserbecken und dicken Bambusrohren fündig geworden. Vielen Dank für die nette und sachkundige Beratung, auch für Leute wie mich, die ihren grünen Daumen erst noch entdecken müssen. Habe ihn entdeckt, hat sich gelohnt, Danke! **www.dehner.de.**
- Frostsichere Fliesen für draußen (Keramikfliesen aus Steinzeug) in knalligen Farben gibt's z. B. von der Marke AGROB BUCHTAL, Serie Chroma II, **www.agrob-buchtal.de**.
- Keramische Glasuren, die einfach in der Handhabung sind, stellt die Firma BOTZ her. Für ein sicheres Gelingen und tolle Ergebnisse. **www.botz-glasuren.de**.
- Zugegeben, es ist ein Luxus, aber wenn Sie auch so viel Gefallen am Töpfern finden wie ich, lohnt sich vielleicht die Anschaffung eines eigenen Brennofens. Keramische Brennöfen für Profis aber auch für den „Hausgebrauch" macht die Firma Rohde. Erkundigen Sie sich unter **www.rohde-online.net.** Und keine Sorge, der nette Firmen-Lieferservice bringt Ihnen den schweren Brummer bis in die letzte Kellernische! Danke, Ihr seid meine Helden!!

Ein ganz normaler **EINKAUFSBUMMEL** im Gartencenter. Wer kann bei einer solchen **BLÜTENPRACHT** schon nein sagen!

- Bei Butlers bekommt man nicht nur schicken Gartenschnickschnack, der sich wunderbar aufstellen, einbauen oder auch mal Zweckentfremden lässt. Ich habe schon so oft die bunten Keramikschubladengriffe verbaut. Die Türknäufe meines Gartenhäuschens waren ursprünglich mal dort erstandene Garderobenhaken. **www.butlers.de.**
- Das „wetterfeste Papier" für reißfeste Scherenschnitte, Drachenbau und vieles mehr heißt Tyvek® und man kann es über die Firma efco beziehen: **www.efco.de.**
- Beim Künstlerbedarf Bösner finden Sie z. B. Transferlack, UV-Schutzlack, Vinyl-Printblocks, Keramikzubehör und vieles mehr. Sie werden gut beraten, weiter so! **www.boesner.com.**

Mein kleines **MATERIALLAGER** auf meinem Balkon.

Recherche im Internet

Es lebe das Internet! Ich gebe es zu, ich bin eine Onlinebestellerin. Nirgendwo sonst kann man schneller, gezielter, praktischer und günstiger an ganz spezielle Sachen kommen. Wenn ich etwas Besonderes suche, gehe ich sehr einfach vor. Ich schreibe meinen Suchbegriff z. B. „Kleiderbügel Draht" oder „Zickzackübertopf Plastik" oder „Holzstempel" in die Suchmaschine und klicke auf Bildersuche. So sehe ich blitzschnell auf den Fotos, ob ich das finde was ich ich meine … ansonsten umschreibe ich es mit ähnlichen Begriffen noch mal, wie z. B. „Stoffdruckstempel Holz indisch". Klickt man dann auf die einzelnen Bilder landet man auch schnell bei passenden Bestelladressen.

Farben & Lacke

Acrylfarbe, Abtönfarbe, Allesfarbe oder auch Hobbyfarbe meint im Grunde immer das Gleiche: Es handelt sich dabei um nach dem Trocknen wasserfeste, aber wasserlöslich vermalbare Farben, die untereinander mischbar sind und sehr schnell trocknen. Wenn Sie Sachen für kleine Kinder arbeiten, dann denken Sie bitte unbedingt daran, speichelechte Farben zu verwenden! Acrylfarben, die man in allen Farben schon in kleinen Mengen bekommt, verwenden Sie für malerische Angelegenheiten mit Details, wie zum Beispiel für die bestempelte Biertischgarnitur. Zum Schluss empfiehlt sich ein Schutzanstrich aus wasserlöslichem Klarlack. Für größere Angelegenheiten verwende ich wasserlösliche Acryllacke, die sich genauso leicht verarbeiten, verdünnen und untereinander mischen lassen. Die Acryllacke auf Wasserbasis trocknen viel schneller als Kunstharzlacke, sind mit Wasser verdünnbar, stinken nicht, sind umweltfreundlicher als Kunstharzlacke, aber ebenso schlag-, stoß- und wetterfest. Wer bei Sachen Wetterschutz und Haltbarkeit auf Nummer sicher gehen möchte, der greift zu Bootslack in Farblos. Für meine mit Serviettentechnik verschönerte Gartenback habe ich z. B. auch Bootslack verwendet. Allerdings ist hier zu beachten, dass Bootslack manchmal einen leichten Gelbstich hervorrufen kann, deshalb sollte man eher auf kräftige Farben und Muster zurückgreifen, da die Verfärbung bei helleren Farben eher sichtbar wird.

Meine Tipps und Tricks

IMMER GRIFFBEREIT: Farben, Pinsel und Schablonen

Saubere Kanten beim Malen

Saubere Kanten, wenn Sie zum Beispiel einen Tisch anmalen, erhalten Sie, wenn Sie die betreffende Fläche mit Kreppklebeband abkleben und nochmals die Untergrundfarbe über die Ränder des Kreppklebebands streichen. Lassen Sie das Ganze trocknen, dann tragen Sie die andere Farbe auf, lassen auch diese trocknen und ziehen das Kreppband wieder ab. So vermeiden Sie, dass die Farbe unter das Kreppklebeband läuft und der Rand unschön ausgefranst aussieht.

Mit **MONTAGE- UND SILIKONKLEBER** können kleine Steine aufgeklebt werden.

FUGENMÖRTEL gibt es in verschiedenen Farben.

Stempeln & Schablonieren

Achten Sie darauf, beim Stempeln und Schablonieren die Farben nie zu verdünnen, sonst verläuft Ihnen diese zu leicht. Tragen Sie die Farbe am besten immer mit der Walze auf den Stempel auf, dann wird's schön gleichmäßig!

Schrauben & leimen

Wenn Sie Tische oder Stühle zusammenschrauben, dann empfiehlt es sich, zusätzlich immer Holzleim auf die Stoßkanten zu geben. Das macht die ganze Angelegenheit stabiler! Bei den größeren Projekten, wie zum Beispiel dem Abenteuerspielplatz und dem Gartenhäuschen sollten Sie besonders auf Sicherheit achten. Fragen Sie im Fachhandel nach den geeigneten Schrauben.

Holz passgenau aus dem Baumarkt

Viele Baumärkte bieten es Ihnen an, gerade Platten passend zuzuschneiden. Nützen Sie diesen Service, er spart Ihnen viel Zeit und Mühe.

Mosaiksteine & mehr

Ich verwende für meine Modelle nicht nur klassische Mosaiksteinchen, sondern auch altes Geschirr, Fliesenscherben, Glasdekosteine, Murmeln, Muscheln, Schneckenhäuser, Kieselsteine, Eierschalen, Knöpfe oder selbst hergestellte Keramikfliesen. Auch Glasmosaiksteine, die es auf dem Netz im Baumarkt gibt, sind toll geeignet. Hiervon lassen sich einzelne Steinchen leicht ablösen, wenn Sie das Netz in Wasser einweichen.
Bei Fliesenscherben empfiehlt es sich, die Kanten der Scherben abzurunden. Das mache ich mit dem Betonmischer: Dazu gebe ich die Scherben (einen Teil) und Wasser (zwei Teile) etwa eine viertel Stunde in den Betonmischer und lasse ihn rühren. Einen Betonmischer kann man günstig gebraucht online ersteigern oder im Baumarkt ausleihen. Lohnt sich aber nur, wenn Sie sich wirklich an sehr große Mosaike wagen.

Bei Mosaiken, die draußen angebracht werden, sollten Sie auf die Frostsicherheit vom Ausgangsmaterial achten. Ich verwende zum Beispiel gerne farbenfrohe Keramikfliesen aus Steinzeug, die ich zerschlage. Glasmosaiksteine und Murmeln sind übrigens immer frostsicher.

Kleben & Verfugen von Mosaiken

Es empfiehlt sich, Fugenmörtel und Fliesenkleber (für Schmal- und Breitfugen) in einem Farbton (sprich beides in Grau oder Weiß) zu wählen, weil es dann nicht weiter tragisch ist, wenn der Fliesenkleber in einer Fuge mal etwas zu hoch herausquillt. Ansonsten müsste man den Kleber vor dem Verfugen mühsam wieder herauskratzen, damit man nach dem Verfugen nichts mehr davon sieht. Bei gleicher Farbe wird der überschüssige Kleber praktisch unsichtbar.
Natürlich sollte man für ein schönes Ergebnis trotzdem so genau wie möglich arbeiten. Es gibt übrigens auch bunten Fugenmörtel, probieren Sie aus, was Ihnen am besten gefällt.
Bei kleineren Mosaikmodellen, wie zum Beispiel bei Steinen, die ich mit Mosaiktechnik verziere, nehme ich statt Mosaikkleber auch gerne Silikon aus dem Baumarkt. Das lässt sich ganz einfach aus der Pistole auftragen und ist relativ günstig.

Ton schrumpft

Bitte beachten Sie beim Arbeiten mit Ton, dass dieser beim Trocknen schrumpft. Wenn Sie zum Beispiel Fliesen arbeiten, müssen Sie den Platz, den die Fugen brauchen, bei der Fliesengröße nicht mit einkalkulieren – er ergibt sich durch das Schrumpfen automatisch.
Ich habe das große Glück einen Brennofen mein Eigen nennen zu dürfen. Aber lassen Sie sich nicht entmutigen, wenn Sie diesen Luxus nicht haben. Fragen Sie bei einer Töpferei in Ihrer Nähe nach. Gegen einen kleinen finanziellen Ausgleich kann man dort die eigenen Stücke brennen lassen. Auf der Suche nach einem Brennofen sind auch Volkshochschulen, die Keramik-Kurse anbieten, eine gute Anlaufstelle.

Grundanleitung Beton

Beton ist ein wunderbarer Werkstoff mit dem sich nicht nur der Keller ausgießen oder der Boden pflastern lässt. Blanker Beton kann sehr edel wirken, für mich persönlich manchmal auch trist. Kombinieren Sie den Beton aber mit frischen, kräftigen Farben, entstehen originelle, einzigartige Deko-Objekte, die gute Laune machen. Das Material ist so robust, dass Sie garantiert viele Jahre Freude daran haben werden.

Material

- Sack Zement (z. B. Trasszement)
- Sand (aus dem Sandkasten)
- Bau-Eimer
- Betonmischer ODER Rühraufsatz für eine starke Bohrmaschine ODER für kleinere Mengen ganz einfach der alte Kochlöffel und die eigene Muskelkraft
- Formen zum Ausgießen aus Plastik

  Faustregel: je elastischer das Plastik, desto besser. Meistens funktionieren die billigsten Schüsseln am besten (keine Angst, man kann die Formen danach gründlich waschen und wieder mit in die Küche nehmen); spezielle Gießformen, z. B. Muscheln, gibt es im Bastelbedarf und sind eigentlich für's Ausgießen mit Gips.
- Salatöl + Pinsel
- Steine /Kies zum Beschweren der Innenformen
- Küchenschwämmchen aus Metall
- Farbe: mit Patio Paint von Rayher habe ich die besten Erfahrungen gemacht. Die Farbe ist wasserlöslich, sehr gut verstreichbar, nach dem Trocknen wetterfest und hält sogar unter Wasser

Bevor sie den Beton anmischen, stellen Sie sich alle Materialien, die Sie zum Basteln brauchen bereit, damit Sie den Beton später schnell verarbeiten können.

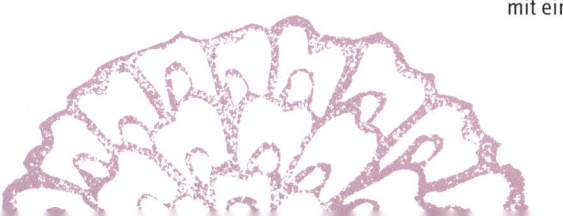

Beton-Mischungsverhältnis zum Gießen

1 Teil Zementpulver + 2 Teile Sand + etwas Wasser, damit eine „joghurtartige" Konsistenz entsteht. (Normalerweise fügt man beim Betonieren mehr Sand hinzu und rührt Beton dickflüssiger an, aber ich habe für's Gießen mit dieser Mischung die besten Erfahrungen gemacht.)

So wird's gemacht

1 Pinseln Sie die Formen, die Sie ausgießen wollen, innen mit Salatöl ein. Das funktioniert als Trennmittel, so ähnlich wie beim Backen. So lässt sich der Beton später wieder gut aus der Form herauslösen.

2 Füllen Sie die Formen mit einer alten Schöpfkelle o. ä. mit Beton aus. Um eingeschlossene Luftblasen zu vermeiden, klopfen Sie die Formen leicht auf den Boden und klopfen Sie gegen die Wände der Gießform.

3 Windlichter oder Schalen, die innen hohl sind:
Zum Gießen brauchen sie eine große Außenform und eine kleinere Innenform.
Füllen Sie die Außenform etwa zu zwei Dritteln mit Beton aus. Streichen Sie die Innenform außen mit Salatöl ein und beschweren Sie sie innen mit einem Stein, Kies o. ä. Jetzt drücken Sie die Form in den Beton der Außenform, so tief, dass der Beton bis zum oberen Rand der Formen heraustritt.

4 Jetzt den Beton mindesten 24 Stunden trocknen lassen. Dann können Sie ihn vorsichtig aus den Formen herauslösen.

Tipp

Beton hat übrigens erst nach 2 Wochen seine endgültige Stabilität erreicht. Also nicht zu ungeduldig sein und Vorsicht, dass beim Herauslösen nichts abbricht. Da der Beton am nächsten Tag also noch nicht völlig ausgehärtet ist, kann man kleine Unebenheiten an den Rändern und an der Oberfläche noch wunderbar mit einem Stahlschwämmchen glattbürsten.

Bemalen

Die großen Wasserschalen als Vogeltränke, Katzentränke oder zur Deko für Schwimmkerzen habe ich innen wie Swimmingpools in Blau-Türkistönen gestrichen. Die Sternförmigen Windlichter strahlen mit einem Innenanstrich in Gold, Silber oder Bronze besonders schön.
Um die Struktur von gegossenen Muscheln, Gugelhupfs usw. zu betonen, einfach ganz wenig Farbe auf den Pinsel nehmen und ganz leicht über die Form streichen, damit der Beton in den Zwischenräumen noch durchscheint.

Für Betonarbeiten eignen sich sich **PLASTIKFORMEN** besonders gut.

Der graue Beton erhält einen **FARB**anstrich.

Farbkombinationen

Meine Welt ist bunt! Natürlich habe ich auch Lieblingsfarben, aber vor allem habe ich Lieblingsfarbkombinationen. Dabei lasse ich mich besonders gerne von der Natur inspirieren. Vor allem die bunten Blumen im Frühjahr und Sommer dienen mir dabei als Vorbild. Aber auch mein Kleiderschrank liefert mir tolle Ideen, wie man Farben und Muster kombinieren kann. Schauen Sie sich um und entdecken Sie die Vielzahl an Farben, die usn umgeben. Und probieren Sie einfach aus, was Ihnen am besten gefällt. Auf den folgenden Seiten finden Sie meine Lieblingsfarbkombinationen.

Lila-Gelb

Türkis-Rosa

Blau-Grün

Gelb-Orange-Pink

Gelbtöne

Gelbgold – Grün

Gelbgold – Himmelblau – Türkis

Lila – Orange

Grün-Pink-Orange

Gelb-Rosa

Blau-Lila
SONNENSEITE

Danke für die tollen Fotos!

Meine größte Inspiration, dass sind Sie! Ich bekomme immer wieder Briefe, Emails und Bilder zugeschickt, von Projekten, die die nach meinen Anleitungen entstanden sind. Das freut mich riesig und es motiviert mich immer wieder aufs Neue! Vielen Dank dafür! Stellvertretend für die vielen Zuschriften, die ich bekomme:

Kuschelhasen von Iris.

Familie Dehner vor ihrem Buntstifte-Zaun.

Bettinas Mosaik-Schale.

Die bunte Kommode von Iris.

Elfis beeindruckende Mosaik-Hauswand.

Andreas Gartenbrunnen.

Wandtattoos von Simone.

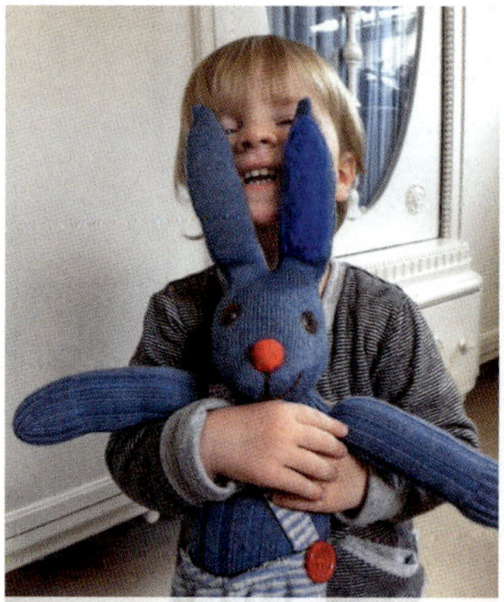
Evas Enkel mit Hase.

Gepunktete Bierbänke von Iris.

Antonius und seine Enkel vor dem Flaschenwindrad.

Sannes Kräuterspirale.

Besticktes Kissen von Sandra.

Mosaik und Buntstifte-Tor in Augsburg.

Abgewandelter Laternenbaum von Sanne.

Anjas Tochter im selbst gebauten Sandkasten.

Das Aquarium-Garagentor von Familie Dehner.

Danielas gelbes Blumenfahrrad.

Annette unter ihrem Mosaik-Baum.

Vorlagen

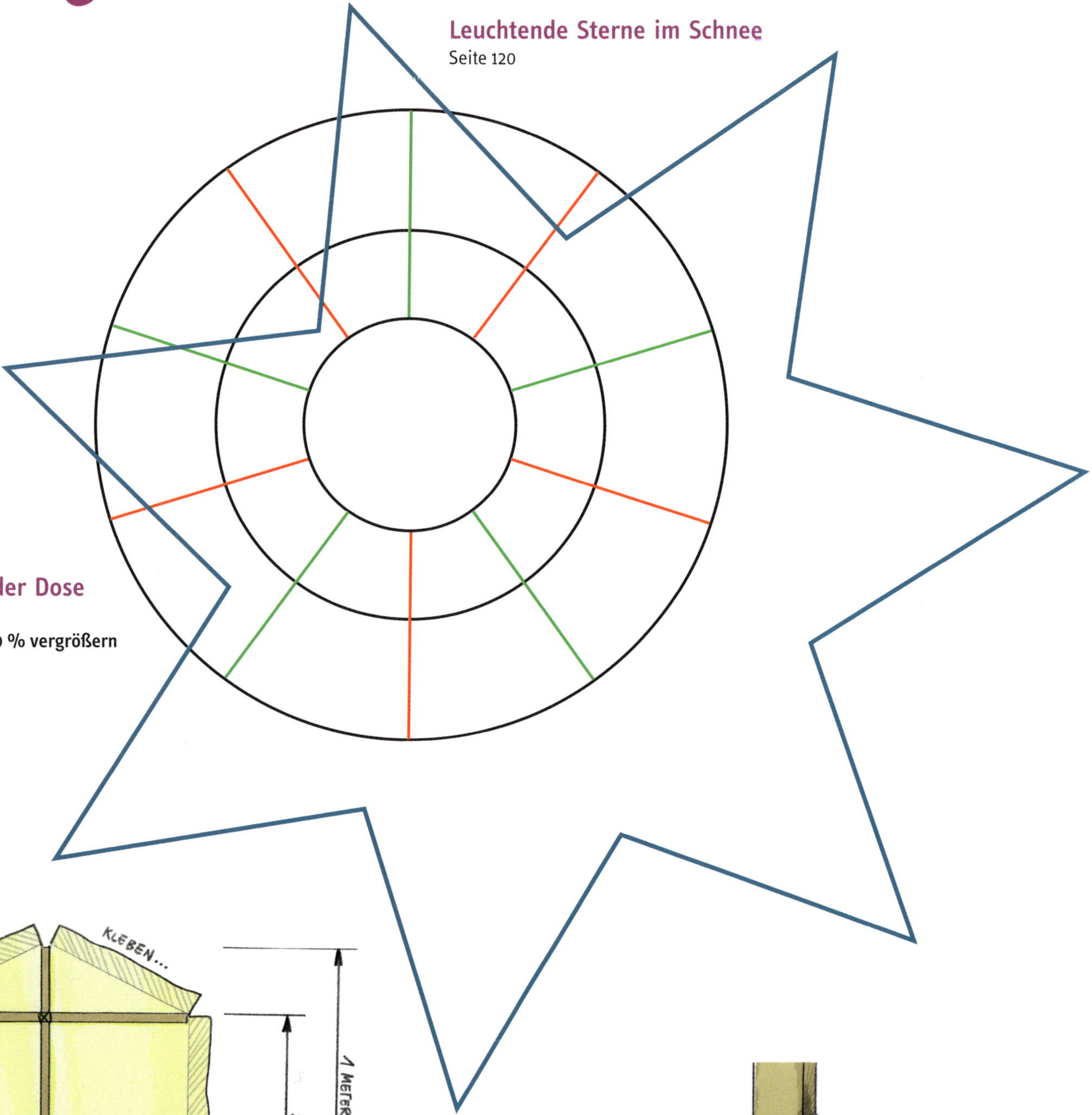

Leuchtende Sterne im Schnee
Seite 120

Lichter in der Dose
Seite 52/53

Vorlage auf 150 % vergrößern

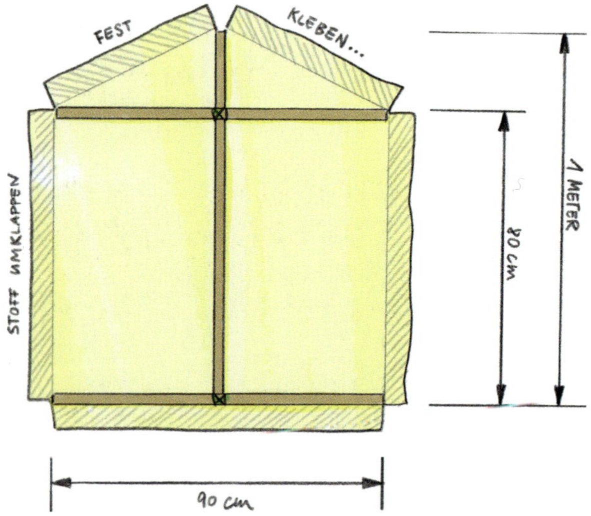

Riesengroßer Flugdrachen
Seite 139

Stempel selber machen

Seite 110/111

Vorlagen

Laminierte Hasen

Seite 112/113

Vorlage auf 150 % vergrößern

Monster-Parade
Seite 124

Impressum

Viele weitere Gestaltungsideen finden Sie auch in meinen anderen Büchern:

ISBN 978-3-7724-6809-4

ISBN 978-3-7724-5930-6

Hilfestellung zu allen Fragen, die Materialien und Bücher betreffen: Frau Erika Noll berät Sie.
Rufen Sie an:
05052/911858*
*normale Telefongebühren
oder schreiben Sie eine E-Mail:
mail@kreativservice.info

Danksagung

Liebe Mama, Lieber Papa, lieber Eki, ihr, meine kleinen größten Schätze der Welt Benni und Tim, meine „kleinen“ Brüder Benni und Basti, Tanten und Cousinen ... Nichten und Neffen und alle anderen aus unserer deutschen und türkischen Großfamilie und natürlich du, liebe Oma! Danke, dass es euch gibt, ich habe euch über alles lieb! Was für ein unendliches Glück ich habe, Teil der tollsten Familie der Welt zu sein.

Danke auch an Sie, liebe Leserinnen und Leser, für Ihre Begeisterung, die Sie meinen bisherigen Büchern geschenkt haben. Und auch für den unglaublich netten Austausch. Sie haben mich motiviert, dieses Buch zu machen.

Und zum Schluss natürlich auch noch ein dickes Dankeschön euch, Mariel, Katrin und Antje, und die anderen Mädels vom frechverlag. Wir sind ein Spitzenteam! Ich hätte mir keinen netteren, reibunsloseren, entspannteren und unkomplizierteren Ablauf (auch unter höchstem Endphasen-Zeitdruck) wünschen können. Wir alle wissen was für ein Haufen Arbeit es ist, wie viel Zeit und Energie darin steckt solch ein Buch zu machen.

Feedback & Post

Wenn Sie Fragen oder Anregungen haben – ich freue mich über Post!

www.bine-braendle.de

PROJEKTMANAGEMENT: Mariel Marohn

TEXTE: Antje Krause, Filderstadt

LAYOUT: Petra Theilfarth

SATZ: Sabine Kässner, Katrin Krengel

FOTOS UND ILLUSTRATIONEN: Bine Brändle, Erbach; die Fotos von Seite 154/155 wurden von den Urhebern zur Verfügung gestellt.

DRUCK UND BINDUNG: Neografia, Slowakei

1. Auflage 2014

ISBN 978-3-7724-5938-2 • Best.-Nr. 5938